미래와 통하는 책

동양북스 외국어
베스트 도서

700만 독자의 선택!

새로운 도서,
다양한 자료
동양북스
홈페이지에서
만나보세요!

www.dongyangbooks.com
m.dongyangbooks.com

※ 학습자료 및 MP3 제공 여부는 도서마다 상이하므로 확인 후 이용 바랍니다.

홈페이지 도서 자료실에서 학습자료 및 MP3 무료 다운로드

PC

❶ 홈페이지 접속 후 도서 자료실 클릭
❷ 하단 검색 창에 검색어 입력
❸ MP3, 정답과 해설, 부가자료 등 첨부파일 다운로드
  * 원하는 자료가 없는 경우 '요청하기' 클릭!

MOBILE

* 반드시 '인터넷, Safari, Chrome' App을 이용하여 홈페이지에 접속해주세요. (네이버, 다음 App 이용 시 첨부파일의 확장자명이 변경되어 저장되는 오류가 발생할 수 있습니다.)

❶ 홈페이지 접속 후 ☰ 터치

❷ 도서 자료실 터치

❸ 하단 검색창에 검색어 입력
❹ MP3, 정답과 해설, 부가자료 등 첨부파일 다운로드
  * 압축 해제 방법은 '다운로드 Tip' 참고

일본어뱅크

요로시쿠 일본어

오기노 신사쿠·주인원 공저

3

STEP

동양북스

초판 2쇄 | 2024년 12월 1일

저   자 | 오기노 신사쿠, 주인원
발행인 | 김태웅
책임 편집 | 길혜진, 이서인
디자인 | 남은혜, 김지혜
일러스트 | 김정은
마케팅 총괄 | 김철영
제   작 | 현대순

발행처 | (주)동양북스
등   록 | 제 2014-000055호
주   소 | 서울시 마포구 동교로22길 14 (04030)
구입 문의 | 전화 (02)337-1737   팩스 (02)334-6624
내용 문의 | 전화 (02)337-1762   dybooks2@gmail.com

ISBN 979-11-5768-756-5
        979-11-5768-537-0 (세트)

머리말

일본 여행을 위해 대학에서 교양으로 일본어를 배우려고 하는 학생들에게 조금이나마 도움이 되고자 지금까지 요로시쿠 시리즈(STEP1과 STEP2)를 출간해 왔습니다. STEP1과 STEP2 는 대부분의 사람들이 일본 여행의 첫 목적지로 삼는 도쿄와 오사카 근교를 배경으로 여행에 필요한 최소한의 어휘, 문법, 표현을 실제 상황에 맞게 배울 수 있도록 설계되어 있습니다. 여기 있는 내용만으로도 일본 여행을 하면서 의사소통하는 데에 어려움은 없을 것 같습니다만, 학생들이 좀 더 심도 있는 일본어 학습을 통해 더 편하고 즐거운 일본 여행이 될 수 있도록 일본의 인기 있는 여행지와 다양한 표현을 추가하여 STEP3를 발간하게 되었습니다

이 교재는 STEP1과 STEP2와 마찬가지로 다른 일본어 교재와 다른 세 가지의 차별성을 갖습니다.

첫째, 학습 내용의 실용성입니다. 이 교재는 대화문을 비롯하여 문법 설명에 필요한 예문에 이르기까지 어휘, 문법, 표현 세 가지 차원에서 모두 일본 사람들이 현지에서 실제로 사용하는 것들로만 구성하였습니다. 또한 연습 문제에서는 회화에 필요한 말하기와 듣기 연습을 중심으로 구성하여 말하고 듣는 연습을 강화시킴으로써 짧은 시간에 효율적으로 회화 능력을 기를 수 있도록 하였습니다.

둘째, 학습의 용이성과 효율성입니다. 외국어 학습에서 가장 힘든 부분이 암기입니다. 교재에 되도록 많은 어휘, 문법, 표현을 실어 많은 지식을 학습자에게 제공하는 것도 좋지만 이것이 결국 외국어 학습 입문 시기에서는 큰 부담이 됩니다. 이런 부담을 줄이고자 기존 교재에 있던 선택적인 어휘, 문법, 표현을 제외하고 일본 여행 때 필요한 최소한의 내용으로만 구성하여 쉽게 배울 수 있도록 하였습니다.

셋째, 현장성입니다. 일본어 교재를 통해 마치 일본 여행 중인 것처럼 느낄 수 있도록 일본에 도착할 때부터 떠날 때까지 학습자들이 자주 찾아가는 곳들을 배경으로 각 단원의 대화문을 순서대로 구성하였습니다. 또한 현장감을 더하기 위해 일본 여행에 도움이 되는 일본 문화에 관련된 조언이나 한 번은 가 볼 만한 음식점이나 상점을 소개하는 일본 여행 맛보기 파트를 각 단원마다 추가하였습니다.

여러분들의 일본 여행에 큰 도움이 되었으면 하는 마음으로 집필하였으며 한 학기 동안 배운 일본어 표현을 실제로 일본에 갔을 때 어려움 없이 사용했으면 하는 바람입니다.

저자 일동

이 책의 구성

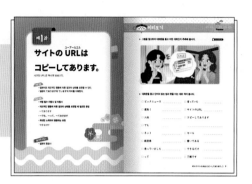

들어가기

각 과의 학습 목표와 학습 내용을 미리 살펴봅니다.

미리보기

그림과 음성을 통해 대화의 내용을 추측해 봅니다.
또한 '회화'에 나올 주요 단어가 미리 제시되어 있어
예습과 복습에 활용할 수 있습니다.

단어

'회화'에 나오는 주요 단어들의 읽기와 뜻을 제시해
두었습니다.

회화

일본 여행을 주제로, 실용적인 대화문을 구성하였
으며, 대화문 아래에는 더욱 자연스러운 일본어
회화를 위한 팁을 실었습니다.

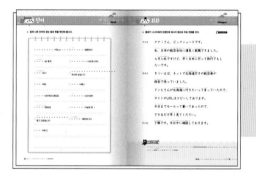

문형과 표현

각 과의 주제와 관련된 주요 문형과 표현들을
다양한 예문과 함께 실었습니다. 일본 여행에서
활용도가 높은 단어와 예문으로 구성하여 쉽고
재미있게 공부할 수 있습니다.

말하기 연습

'문형과 표현'에서 배운 내용을 토대로 단어를 바꿔 말해 보면서 말하기 기초를 탄탄히 다지고 바로 실제 회화에서 쓸 수 있도록 도와줍니다.

듣기 연습

'빈칸 채우기', '질문에 알맞은 답 고르기' 등의 연습을 통해 자연스러운 발음을 익히고, 일본어 듣기 자신감을 키울 수 있습니다.

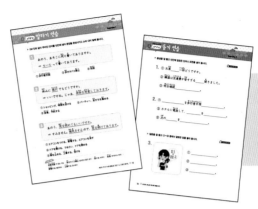

플러스 회화

'회화'에서 한 단계 더 나아간 실용적인 회화문입니다. 일본 여행에서 도움이 될 만한 단어와 표현으로 구성하여 재미있게 공부할 수 있습니다.

일본 여행 맛보기

일본 여행에 도움이 되는 문화 상식을 비롯하여 한번은 가 볼 만한 음식점이나 상점 등을 소개하였습니다.

권말부록

권말에는 본문에 나온 '회화 해석'과 '듣기 연습 스크립트'를 수록하였습니다.

차례

サイトの URLは
<ruby>URL<rt>ユーアールエル</rt></ruby>

コピーしてあります。

사이트 URL은 복사해 놨습니다.

 학습 목표

- 일본어로 의도적인 행동에 따른 결과의 상태를 표현할 수 있다.
- 일본어 てあります와 ています의 차이를 이해한다.

학습 내용

- 여행 필수 자동사 및 타동사
- 의도적인 행동에 따른 결과의 상태를 표현할 때 필요한 문법

  ～てあります

- ～でも、～って、～ておきます
- 최대한 노력하여 행동하는 표현

  できるだけ

일본 여행 맛보기

- 일본의 항공사

▶ 그림을 참고하여 대화문을 듣고 어떤 대화인지 추측해 봅시다. Track 01-01

▶ 대화문을 듣고 단어의 읽는 법과 뜻을 아는 대로 적어 봅시다.

☐ ビックニュース	☐ 言っていた
☐ 運良く	☐ サイトのURL
☐ 入社	☐ コピーしてあります
☐ でも	
☐ ネット	☐ セール
☐ 航空券	☐ 書いてある
☐ 売っていました	☐ できるだけ
☐ って	☐ 了解です

▶ 앞에 나온 단어의 읽는 법과 뜻을 확인해 봅시다.

□ ビックニュース 빅뉴스　　□ 言^いっていた 말했었다

□ 運^{うん}良^よく 운 좋게　　□ サイトのURL 사이트 URL

□ 入社^{にゅうしゃ} 입사　　□ コピーしてあります
　　　　　　　　복사해 놨습니다

□ でも 라도　　□ セール 세일

□ ネット 인터넷의 줄임말　　□ 書^かいてある 쓰여 있다

□ 航空券^{こうくうけん} 항공권　　□ できるだけ 가능한 한

□ 売^うっていました
　팔고 있었습니다　　□ 了解^{りょうかい}です 알겠습니다

□ って (라)고

▶ 동희가 나나미에게 오랜만에 메시지 앱으로 무료 전화를 건다.

🎧 Track 01-01

ドンヒ　ナナミさん、ビックニュースです。

　　　　私、日本の航空会社に運良く就職できました。

　　　　4月入社ですけど、早く日本に行って旅行でもし

　　　　たいです。

ナナミ　そういえば、ネットで北海道行きの航空券が

　　　　格安で売っていました。

　　　　ドンヒさんが北海道に行きたいって言っていたので、

　　　　サイトのURLはコピーしてあります。

　　　　今日までセールって書いてあったので、

　　　　できるだけ早く見てください。

ドンヒ　了解です。今日中に確認しておきます。

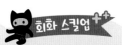 회화 스킬업⁺⁺

일본 사람들은 특히 메시지나 전화로 '알았어요'라고 말할 때 '分かりました'보다 상투적인(틀에 박힌) 표현으로서 '了解です'를 잘 사용한다.

01 여행 필수 자동사 및 타동사

자동사	타동사	자동사	타동사
開く(열리다)	開ける(열다)	閉まる(닫히다)	閉める(닫다)
つく(켜지다)	つける(켜다)	消える(꺼지다)	消す(끄다)
入る(들어가다)	入れる(넣다)	出る(나오다)	出す(내다)
決まる(정해지다)	決める(정하다)	変わる(바뀌다)	変える(바꾸다)
集まる(모이다)	集める(모으다)	止まる(서다)	止める(세우다)

02 자신의 행동의 결과를 의도적으로 유지할 때 필요한 문법

의도성 여부	자동사 or 타동사	ある or いる	예시
○	타동사+が or を	てあります (てある)	開けてあります (의도적으로) 열려 있습니다
×	자동사+が	ています (ている)	開いています 열려 있습니다

(換気をするので、) 窓が (を) 開けてあります。

窓が開いています。

> **포인트**
>
> '～てあります'는 어떤 목적이나 이유가 있어서 일부러 어떤 행동의 결과를 그대로 유지하기 위해 사용하는 문법이므로 '-어/아 있다'보다는 '-어/아 놓다'로 해석하는 것이 자연스럽다. 또한, '～てあります'는 조사 'が'를 취하는 경우도 있는데, 타동사와 함께 사용하는 특성상 조사 '를'도 취할 수 있다.

03 동사 て형 + あります ~어/아 있습니다, ~어/아 놓습니다

ドアが閉めてありますか。

エアコンがつけてありました。

ホテルの前にタクシーを止めてあります。

04 조사 でも 라도, (이)나

週末はホテルでブランチでもどうですか。

ゴールデンウィークには海外旅行にでも行きたいです。

コーヒーでも一杯飲みませんか。

05 조사 って と(고, (이)라고)의 구어체

日本は交通費が高すぎるって聞きました。

私はガイドの吉澤って言います。

日本料理は甘くてしょっぱいって友だちが言っていました。

 새로운 단어

ブランチ 브런치 | ゴールデンウィーク 골든위크 | ガイド 가이드 | 吉澤 요시자와(성씨)

06 동사 て형 + おきます ～어/아 놓습니다

明日の旅行の用意をしておきます。

カバンに携帯の充電器を入れておきましたか。

旅館に電話して、予約人数を変えておきました。

참고 동사 て형 + おきます의 구어체

동사 て를 빼고 + ときます ～어/아놓습니다

明日の旅行の用意をしときます。

カバンに携帯の充電器を入れときましたか。

旅館に電話して、予約人数を変えときました。

포인트

'ときます'는 'おきます'의 구어적인 표현인데, 동사 て형의 'て(te)'와 'おきます'의 'お(o)' 발음이 축약되어 'て(te)' + 'お(o)' = 'と(to)'가 되어 만들어진 표현이다.

최대한 노력하여 행동하는 표현
07 できるだけ 가능한 한

できるだけ早く見てください。

 새로운 단어

用意 준비 | 充電器 충전기 | 人数 인원수

▶ 〈보기〉와 같이 주어진 단어를 빈칸에 넣어 문장을 완성시키고 소리 내어 말해 봅시다.

1

あのう、あそこに何と書いてありますか。

➡ <u>セール</u> って書いてあります。

① 歩行者天国（ほこうしゃてんごく）　② 歩きタバコ禁止（あるきタバコきんし）　③ 免税（めんぜい）

2

休（やす）みに <u>旅行（りょこう）</u> でもどうですか。

➡ いいですね。じゃあ、<u>荷物（にもつ）を用意（ようい）して</u>おきます。

① ショッピング、時間（じかん）を空（あ）ける　② パーティー、友（とも）だちを集（あつ）める

③ 会食（かいしょく）、予約（よやく）する

3

あのう、窓（まど）を閉（し）めてもいいですか。

➡ すみません。<u>換気（かんき）をする</u> ので、<u>窓（まど）を開（あ）けて</u>あります。

① エアコンをつける、節電（せつでん）する、エアコンを消（け）す

② ドアを開（あ）ける、うるさい、ドアを閉（し）める

③ 車（くるま）を止（と）める、工事（こうじ）する、空（あ）ける

새로운 단어

歩行者天国（ほこうしゃてんごく） 차 없는 거리 ｜ 歩きタバコ禁止（あるきタバコきんし） 걸으면서 흡연 금지 ｜ 空（あ）ける 비우다 ｜ 会食（かいしょく） 회식(식사 위주) ｜
節電（せつでん）する 절전하다 ｜ 工事（こうじ）する 공사하다

듣기 연습

▶ 음성을 잘 듣고 빈칸에 알맞은 단어나 표현을 넣어 봅시다.　🎧 Track 01-02

1. ① お茶＿＿＿一杯どうですか。

② 韓国は交通費が安すぎる＿＿＿聞きました。

③ 明日確認＿＿＿＿＿＿＿＿＿＿。

2. ① ＿＿＿＿＿＿＿＿を歩行者天国＿＿＿＿＿＿＿。

② ホテルに電話して、＿＿＿＿＿を＿＿＿＿＿＿＿。

③ 次の＿＿＿＿を＿＿＿＿＿＿＿＿。

▶ 질문을 잘 듣고 ①～③ 중에서 알맞은 답을 골라 봅시다.　🎧 Track 01-03

3.

① ＿＿＿＿＿＿＿＿＿＿＿＿。

② ＿＿＿＿＿＿＿＿＿＿＿＿。

③ ＿＿＿＿＿＿＿＿＿＿＿＿。

플러스 회화

▶ 나나미와 동희가 근무지 근처 살 집에 대해 이야기를 나눈다.

Track 01-04

ナナミ　ドンヒさん、空港勤務ですよね。

どこの空港で働きますか。

ドンヒ　まだはっきりしていませんけど、

たぶん関西空港って聞いています。

ナナミ　じゃあ、私の家からも結構近いので、

これからちょくちょく会えます。

ところで、住む場所は決めましたか。

ドンヒ　関西空港だったら、神戸に住むって決めてあります。

ナナミ　じゃあ、私が神戸のワンルームを調べておきます。

何か条件でもありますか。

ドンヒ　はい、1つだけ。できるだけ駅近がいいです。

▷ 새로운 단어

勤務 근무 | 関西空港 간사이 공항 | 結構 꽤 | ちょくちょく 자주 | ワンルーム 원룸 | 条件 조건 |
駅近 역세권

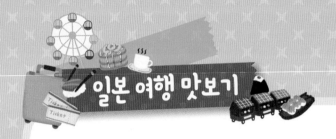

일본의 항공사

◇ 일본 항공사의 장단점을 살펴보자!

1. FSC(Full Service Carrier)

일반적으로 금전적인 제약이 없다면 한국에서 여행을 떠날 때 국적기를 애용하는 사람들이 많을 것이다. 그런데 어느 노선이든 국적기(한국 항공사)보다 외국 항공사의 항공권을 저렴하게 구입할 수 있는 경우가 종종 있다. 일본 노선 역시 일본 항공사의 항공권이 비교적 저렴하다. 따라서 한국으로 취항하는 일본 항공사에 대해 알아 두면 여행 계획을 세울 때 많은 도움이 될 것이다.

FSC(Full Service Carrier)와 LCC(Low Cost Carrier)로 나누어 각 항공사의 장단점을 소개해보려고 한다. 먼저 FSC(Full Service Carrier)는 JAL(Japan Air Line)과 ANA(All Nippon Airways) 2개의 항공사가 있다. 둘 다 모두 일본 항공사답게 친절하고 서비스에도 거의 큰 차이가 없어 보이지만 자세히 살펴보면 위탁 수화물 사이즈, 좌석 간격 넓이, 기내 Wi-Fi 등에서 차이가 있다. 저자의 경험을 바탕으로 항공권 가격이 거의 동일하다면 ANA보다 JAL을 타는 것을 추천한다.

	위탁 수화물 사이즈 3변의 합	좌석 간격 넓이	Wi-Fi
JAL	203cm	33~34cm	안정적
ANA	158cm	31cm	불안정

2. LCC(Low Cost Carrier)

LCC(Low Cost Carrier)는 Peach Air와 Zip Air 2개의 항공사가 있다. 먼저 Peach Air는 간사이 공항(오사카)을 거점으로 하는 ANA 계열의 항공사로 일본어 안내방송을 오사카 사투리로 하는 것이 유명하다. Peach Air의 가장 큰 장점은 가격 경쟁력이다. 국내외 불문하고 다른 LCC보다 항공권 가격이 가장 저렴하다. 연휴에 걸쳐 세일 행사를 할 때가 있어서 평소보다 저렴하게 구매할 기회도 종종 있다. 그런데 기내 반입 수화물 무료(10kg) 외의 서비스가 모두 유료이다. 예를 들어, 위탁 수화물을 추가하면 항공권 가격이 확 오른다. 그리고 무엇보다 유의해야 하는 점은 잦은 출발 지연이다. 다른 LCC에도 있는 일이지만 Peach Air가 유난히 잦다는 소문이 있다. 그러니 시간에 여유가 있고 비용을 아끼고 싶은 사람에게 추천하고 싶다.

반면 Zip Air는 나리타 공항(도쿄)을 거점으로 하는 JAL 계열의 항공사로 가장 최근에 설립된 LCC이다. Peach Air가 가격으로 경쟁하는 항공사라면 Zip Air는 가격과 서비스로 승부를 보는 항공사라고 할 수 있다. 대부분의 LCC가 소형 기체를 사용하지만, Zip Air는 대형 기체를 사용함으로써 다른 LCC에 비해 좌석 간격 넓이가 넓은 편이다. 결국, FSC만큼의 가격은 부담스럽지만, 기내에서 쾌적하게 보내고 싶은 사람에게 적당한 항공사라고 할 수 있다.

	가격	서비스	좌석 넓이
FSC	△	◎	◎
Peach Air	◎	△	△
Zip Air	○	○	○

全部入らなくても
いいです。

ぜんぶ はい

모두 다 안 들어가도 됩니다.

학습 목표

- 동사를 ない형(기본 부정형)으로 활용할 수 있다.
- 일본어로 상대방에게 조언하거나 불필요함을 표현할 수 있다.

학습 내용

- 동사의 ない형(기본 부정형) 활용

- 상대방에게 조언하거나 불필요함을 표현할 때 필요한 문법

  ～ない方がいいです、～なくてもいいです

  ほう

- 조사 ほど

- 사진 등이 잘 나올 때 사용하는 표현

  ～映え

  ば

일본 여행 맛보기

- 홋카이도의 최대 도시, 삿포로

▶ 그림을 참고하여 대화문을 듣고 어떤 대화인지 추측해 봅시다.

▶ 대화문을 듣고 단어의 읽는 법과 뜻을 아는 대로 적어 봅시다.

☐ ほど

☐ 見える

☐ 時計台

☐ 札幌

☐ 代表する

☐ 観光スポット

☐ SNS映え

☐ 入らない

☐ すぐ前

☐ 撮らない方がいい

☐ 面倒くさい

☐ 全然

☐ 入らなくてもいい

단어

▶ 앞에 나온 단어의 읽는 법과 뜻을 확인해 봅시다.

□ ほど 만큼

□ 入^{はい}らない 들어가지 않는다

□ 見^みえる 보이다

□ すぐ 前^{まえ} 바로 앞

□ 時計台^{とけいだい} 시계탑

□ 撮^とらない 方^{ほう}がいい
찍지 않는 편이 좋다

□ 札幌^{さっぽろ} 삿포로

□ 面倒^{めんどう}くさい 귀찮다

□ 代表^{だいひょう}する 대표하다

□ 全然^{ぜんぜん} 아주, 매우

□ 観光^{かんこう}スポット 관광 명소

□ 入^{はい}らなくてもいい
들어가지 않아도 된다

□ SNS映^ばえ
SNS에 올리기 좋게 잘 나온 사진

▶ 동희와 나나미가 삿포로의 관광 명소를 돌아다니면서 이야기를 나눈다.　　🎧 Track 02-01

ナナミ　北海道はやっぱり寒いです。

ドンヒ　そうですか。私はソウルほど寒くないと思いますけど。
　　　　あっ、あそこに見えるのが時計台ですよね。

ナナミ　はい、札幌を代表する観光スポットです。

ドンヒ　私早速SNS映えする写真が撮りたいです。

ナナミ　ドンヒさん、時計台が大きくて全部入らないので、
　　　　すぐ前で撮らない方がいいと思います。
　　　　面倒くさいけど、道路の向かいに行って撮った方が
　　　　良くないですか。

ドンヒ　ナナミさん、全然大丈夫です。
　　　　写真は私がメインですので、全部入らなくてもいい
　　　　です。

회화 스킬업

일본 사람들은 회화에서 'とても(とっても)'를 표현할 때 '全然'을 사용하는 경우가 많다. 원래 '全然'은 한국어로 '전혀'라는 뜻으로, 부정문과 함께 쓰이는 것이 원칙이다. 그런데 회화에서는 한국어의 '너무'가 '매우, 아주'의 뜻으로 사용되는 것처럼 비문법적으로 '매우, 아주'의 뜻으로 사용된다.

문형과 표현

01 동사의 **ない형**(기본 부정형) 활용

그룹	그룹 식별 방법	활용 방법	예시
1	○○る→× る로 끝나지 않는 모든 동사	う단 → あ단 + ない	行^いく → 行^いかない (가다) (가지 않다)
	○○る る 직전 히라가나가 あ, う, お단		乗^のる → 乗^のらない (타다) (타지 않다)
	예외(형태는 2그룹 동사) 帰^{かえ}る　etc…		帰^{かえ}る → 帰^{かえ}らない (돌아가다) (돌아가지 않다)
2	○○る る 직전 히라가나가 い, え단	○○る + ない	見^みる → 見^みない (보다) (보지 않다) 食^たべる → 食^たべない (먹다) (먹지 않다)
3	来^くる		来^くる → 来^こない (오다) (오지 않다)
	する		する → しない (하다) (하지 않다)

ない형(기본 부정형)의 정중형

ない → ないです	行^いかない → 行^いかないです (가지 않다) (가지 않습니다)

포인트

일본어로 동사의 ない형(기본 부정형)의 정중형인 '~ないです'는 동사의 ます형의 부정형인 '~ません'과 뜻이 거의 같다. 다만, '~ません'은 '~ないです'보다 정중한 표현이라는 점에서 다소 차이가 있다.

상대방에게 조언하거나 불필요함을 표현할 때 필요한 문법

02 동사 ない형 + ないほうがいいです ~지 않는 편이 좋습니다

ご飯は残さない方がいいです。

食べる時は音を出さない方がいいです。

優先席で携帯を使わない方がいいです。

03 동사 ない형 + なくてもいいです ~지 않아도 됩니다

袋に入れなくてもいいです。

無理して食べなくてもいいです。

窓側に座らなくてもいいです。通路側でいいです。

 새로운 단어

残す 남기다 | 音を出す 소리를 내다 | 優先席 노약자석 | 袋 봉투 | 窓側 창문 측 | 通路側 통로 측

04 조사 ほど ~만큼

東京のビルはソウルのビルほど高くないです。

韓国の夏は日本の夏ほど蒸し暑くないです。

日本人は韓国人ほど辛い物をよく食べません。

참고 조사 より ~보다

東京のビルはソウルのビルより高くないです。

日本の夏は韓国の夏より蒸し暑いです。

日本人は韓国人より辛い物をよく食べません。

> **포인트**
>
> 비교의 뜻으로 사용되는 조사에는 'より'와 'ほど'가 있다. 'より'는 STEP1에서 이미 학습한 것처럼 문법적 제약 없이 자유롭게 사용할 수 있는 조사인 반면, 'ほど'는 위의 예문처럼 주로 간접적으로 비교할 때 사용되는데 부정문과 함께 사용해야 하는 문법적 제약이 있다.

사진 등이 잘 나올 때 사용하는 표현

05 ~映え ~에 올리기 좋게 잘 나온

SNS映え、インスタ映え

새로운 단어

蒸し暑い 무덥다 | インスタ(インスタグラム) 인스타그램의 줄임말

말하기 연습

▶ 〈보기〉와 같이 주어진 단어를 빈칸에 넣어 문장을 완성시키고 소리 내어 말해 봅시다.

1

川井さんはどんな人ですか。

➡ 私ほど 辛い物を食べない と思います。

① 融通が利く　　　② お酒を飲む　　　③ 感情を表に出す

2

タバコを吸って もいいですか。

➡ ここで タバコを吸わない 方がいいです。

① 両替する　　　② 宝くじを買う　　　③ 夜遅くまで遊ぶ

3

全部食べた 方がいいですか。

➡ 量が多い ので、全部食べなく てもいいです。

① 予約する、平日　　　② お土産を買う、帰りの飛行機で買う

③ 早く寝る、午後に出発する

 새로운 단어

民族 민족 ｜ 融通が利く 융통성이 있다 ｜ 感情を表に出す 감정을 밖으로 나타내다 ｜ 両替 환전 ｜ 宝くじ 복권

▶ 음성을 잘 듣고 빈칸에 알맞은 단어나 표현을 넣어 봅시다. 🎧 Track 02-02

1. ① エレベーターの中（なか）で電話（でんわ）＿＿＿＿＿＿方（ほう）がいいです。

② ソウルは東京（とうきょう）＿＿＿＿＿大（おお）きくないですか。

③ 無理（むり）して＿＿＿＿＿＿＿てもいいです。

2. ① 日本人（にほんじん）は韓国人（かんこくじん）ほど＿＿＿＿＿＿を＿＿＿＿＿＿＿＿＿。

② ＿＿＿＿＿＿時（とき）は＿＿＿＿＿方（ほう）がいいです。

③ ＿＿＿＿＿＿ので袋（ふくろ）に＿＿＿＿＿＿＿＿＿＿＿。

▶ 질문을 잘 듣고 ①～③ 중에서 알맞은 답을 골라 봅시다. Track 02-03

3.

① ＿＿＿＿＿＿＿＿＿＿。

② ＿＿＿＿＿＿＿＿＿＿。

③ ＿＿＿＿＿＿＿＿＿＿。

▶ 동희와 나나미가 레스토랑에서 저녁을 먹으며 이야기를 나눈다.

🎧 Track 02-04

ナナミ　今日の夜は、ジンギスカンとビールです。

　　　　ここは食べ放題、飲み放題です。

ドンヒ　ジンギスカンって何ですか。

ナナミ　簡単に言えば、羊の焼き肉です。

ドンヒ　私羊の肉はちょっと…。

　　　　臭いとか見映えが牛肉や豚肉とちょっと違うので。

ナナミ　無理して食べなくてもいいですけど、

　　　　ここのは本当においしいので、食べてみてください。

ドンヒ　えっ、思ったより臭いがなくて、おいしいです。

　　　　ビールもおいしくて、今日はとことん飲みます。

ナナミ　明日も早いので、
　　　　無理しない方がいいと
　　　　思いますけど。

◇ 홋카이도 최대 도시, 삿포로

1. 삿포로 외곽의 아름다운 자연 경관

삿포로는 홋카이도 최대 인구(약 200만 명)가 모여 사는 정치, 경제, 문화의 중심지인 만큼 볼거리가 매우 풍부하다. 시내에는 삿포로를 대표하는 관광 명소인 시계탑(時計台), 삿포로 시내를 내려다볼 수 있는 삿포로 TV타워(札幌テレビ塔), 유명한 눈 축제가 개최되는 오도리공원(大通公園) 등 시내 중심지를 걷기만 해도 지루하지 않다. 밤이 되면 홋카이도 위스키 회사인 닛카(NIKKA)의 네온 간판이 오사카에 있는 구리코(グリコ)의 네온 간판처럼 번쩍거리면서 존재감을 드러낸다. 낮에는 관광, 밤에는 식도락을 즐길 수 있는 매우 매력적인 도시이다.

한편 렌터카 등 이동 수단이 있다면 교외에 나가는 것도 좋다. 외곽에서는 아름다운 자연 경관을 볼 수 있다. 삿포로 중심지에서 1시간 정도 떨어져 있는 곳에 조잔케이 온천(定山渓温泉)이 있는데, 온천은 물론 강가를 따라 생긴 온천가에서는 풍부한 계곡의 자연도 같이 즐길 수 있다.

닛카의 네온 간판

조잔케이 온천

2. 해산물 외에도 양고기 구이가 별미

홋카이도라고 하면 볼거리는 물론 먹을거리도 빼놓을 수 없다. 먼저 해산물은 대게, 킹크랩 등이 가장 유명하지만, 한국보다 비싼 데다가 살아 있는 게를 바로 쪄서 따뜻할 때 먹는 익숙한 방식과 달리, 일본에서는 죽은 게를 찐 다음 식혀서 먹기 때문에 취향에 맞지 않을 수 있다. 그래서 홋카이도에서는 차라리 한국보다 질이 좋은 연어, 연어알, 성게 등을 저렴하게 먹는 것을 추천한다. 특히 성게는 홋카이도에서 먹으면 다른 지역에서 못 먹을 정도로 맛이 좋다고 하니 성게를 좋아하면 꼭 먹어야 한다.

해산물 외의 먹을거리를 소개하자면 징기스칸(ジンギスカン)이라고 불리는 양고기구이가 있다. 성게와 마찬가지로 질이 좋아서 양고기 특유의 냄새가 나지 않아, 평소 즐겨 먹지 않는 사람들도 쉽게 먹을 수 있다고 한다. 또한 홋카이도의 재료를 사용하여 만든 특별한 생맥주가 있다고 하니 양고기 구이와 함께 한번 마셔보는 것을 추천한다.

징기스칸(양고기 구이)

홋카이도 맥주 공장

べんしょう
弁償しないといけない
です。

변상하지 않으면 안 됩니다.

학습 목표
- 동사를 가능 부정형(불가능)으로 활용할 수 있다.
- 일본어로 금지 및 의무나 필요성을 표현할 수 있다.

학습 내용
- 동사 가능 부정형(불가능) 활용
- 금지 및 의무나 필요성을 표현할 때 필요한 문법

  ～ないでください、～ないといけないです

- ～や
- 나도 모르게 행동을 하는 표현

  つい～

일본 여행 맛보기
- 홋카이도 대표 관광 도시, 오타루

▶ 그림을 참고하여 대화문을 듣고 어떤 대화인지 추측해 봅시다.

▶ 대화문을 듣고 단어의 읽는 법과 뜻을 아는 대로 적어 봅시다.

☐ ガラス工芸	☐ 揃っています
☐ あちこち	☐ 欲しい
☐ 小樽	☐ 買えない
☐ キラキラ	☐ 触らないでください
☐ グラス	☐ つい
☐ お皿	☐ 弁償しないといけないです
☐ や	
☐ 置物	☐ 我慢します

▶ 앞에 나온 단어의 읽는 법과 뜻을 확인해 봅시다.

□ ガラス工芸 유리 공예
こうげい

□ 揃っています 다 모여 있다
そろ

□ あちこち 여기저기

□ 欲しい 갖고 싶다
ほ

□ 小樽 오타루
お たる

□ 買えない 살 수 없다
か

□ キラキラ 반짝반짝

□ 触らないでください
さわ
만지지 마세요

□ グラス 유리잔

□ つい 나도 모르게

□ お皿 접시
さら

□ 弁償しないといけないです
べんしょう
변상해야 합니다

□ や (이)나

□ 我慢します 참겠습니다
が まん

□ 置物 장식품
おきもの

 회화

Dialogue 1

▶ 동희와 나나미가 오타루에 있는 유리 공예 공방에서 이야기를 나눈다.

🎧 Track 03-01

ドンヒ　ガラス工芸のお店があちこちにあります。

ナナミ　小樽はガラス工芸ですごく有名です。

　　　　ちょっと中に入ってみませんか。

ドンヒ　わぁ、キラキラしてきれいです。

　　　　グラスにお皿や置物までいろいろ揃っています。

　　　　あっ、これ欲しいけど、高くて買えないです。

　　　　これも欲しいけど、いい値段します。

ナナミ　ドンヒさん、触らないでください。

　　　　割れたら、弁償しないといけないです。

ドンヒ　きれいでつい触りたくなっちゃいました。

ナナミ　ドンヒさん、それでどうしますか。買いますか。

ドンヒ　買ったら、あとでおいしいものが食べれないので、

　　　　我慢します。

🐱 회화 스킬업

일본어로 'いい値段'은 말 그대로 '(사기) 좋은 가격'인데 회화에서 'いい値段する'라고 하면 'いい値段'이
'비싼 가격'이라는 의미로 사용됩니다.

문형과 표현

01 동사의 가능 부정형(불가능) 활용

그룹	그룹 식별 방법	활용 방법	예시
1	○○る→× る로 끝나지 않는 모든 동사	う단 → え단 + ない	行く → 行けない (가다) (갈 수 없다)
	○○る る 직전 히라가나가 あ, う, お단		乗る → 乗れない (타다) (탈 수 없다)
	예외(형태는 2그룹 동사) 帰る etc…		帰る → 帰れない (돌아가다) (돌아갈 수 없다)
2	○○る る 직전 히라가나가 い, え단	○○る + れない	見る → 見れない (보다) (볼 수 없다) 食べる → 食べれない (먹다) (먹을 수 없다)
3	来る		来る → 来れない (오다) (올 수 없다)
	する		する → できない (하다) (할 수 없다)

동사의 가능 부정형(불가능)의 정중형

ない → ないです	行けない → 行けないです (갈 수 없다) (갈 수 없습니다)

복습 동사의 정중 가능형의 부정형

ます → ません	行けます → 行けません (갈 수 있습니다) (갈 수 없습니다)

금지 및 의무나 필요성을 표현할 때 필요한 문법

02 동사 ない형 + ないでください ~지 마세요

子供が寝ているので、騒がないでください。

危ないので、通らないでください。

壊れているので、使わないでください。

03 동사 ない형 + ないといけません ~어/아야 합니다

パスポートはフロントに預けないといけません。

出発の2時間前に空港に着かないといけません。

英語が通じないので、日本語で話さないといけません。

새로운 단어

騒ぐ 소란을 피우다 | 通る 지나가다 | フロント 프런트 | 着く 도착하다 | 通じる 통하다

04 조사 や ～(이)나(～(이)나의 격식체)

今日は寿司や天ぷらやそばが食べたいです。

日本は東京や大阪が人気です。

明日は京都の神社やお寺に行きます。

복습 ## 조사 とか ～라든지

今日は寿司とか天ぷらとか食べたいです。

日本は東京とか大阪が人気です。

明日は京都の神社とかお寺に行きます。

포인트

일본어로 'や'와 'とか'는 둘 다 모두 회화에서 자주 사용되지만 'や'는 'とか'에 비해 격식을 차려야 할 때 사용하며 두 번 이상 나열할 때는 마지막 자리에 'や'가 올 수 없는 문법적 규칙이 있다. 예를 들어, 'とか'는 '寿司とか天ぷらとか食べたい'라고 말할 수 있지만 'や'는 '寿司や天ぷらや食べたい'라고 말할 수 없고 '寿司や天ぷらやそばが食べたい'처럼 말해야 한다.

나도 모르게 행동을 하는 표현
05 つい～ 나도 모르게~

つい触っちゃいました。

말하기 연습

▶ 〈보기〉와 같이 주어진 단어를 빈칸에 넣어 문장을 완성시키고 소리 내어 말해 봅시다.

1

あのう、生ものが食べれますか。

➡ 生ものが食べれないです。

① 歩いて行く ② 日本語を話す ③ 1人で日本に来る

2

あのう、ルームキー はどうしますか。

➡ フロントに預けないといけません。

① 荷物、コインロッカーを使う ② 貴重品、金庫に入れる

③ 食事、軽く済ます

3

あのう、触ってもいいですか。

➡ 割れやすい ので、触らないでください。

① お土産に買う、傷みやすい ② タクシーに乗る、料金が高い

③ 外に出る、滑りやすい

 새로운 단어

貴重品 귀중품 | 金庫 금고 | 軽く済ます 가볍게 떼우다 | 傷む 상하다 | 滑る 미끄러지다

🎧 듣기 연습

▶ 음성을 잘 듣고 빈칸에 알맞은 단어나 표현을 넣어 봅시다.　　🎧 Track 03-02

1. ① お酒が＿＿＿＿＿＿ですか。

② 韓国語が通じないので、＿＿＿＿＿＿＿＿＿＿＿＿＿＿＿。

③ 滑りやすいので＿＿＿＿＿＿＿＿＿＿＿＿＿。

2. ① お皿＿＿＿置物＿＿＿並んでいます。

② 出発の＿＿＿＿＿＿には駅に＿＿＿＿＿＿＿＿＿＿＿＿。

③ ＿＿＿＿＿＿＿＿ので、＿＿＿＿＿＿＿＿＿＿＿＿＿＿＿。

▶ 질문을 잘 듣고 ①~③ 중에서 알맞은 답을 골라 봅시다.　　🎧 Track 03-03

3.

① ＿＿＿＿＿＿＿＿＿＿＿＿＿。

② ＿＿＿＿＿＿＿＿＿＿＿＿＿。

③ ＿＿＿＿＿＿＿＿＿＿＿＿＿。

플러스 회화

▶ 동희와 나나미가 삿포로로 돌아가는 길에서 사진을 찍으려고 하고 있다.

Track 03-04

ドンヒ　ナナミさん、ちょっと待ってください。

運河の写真を送るって家族に言っちゃったので、

私写真を撮らないといけないです。

ナナミ　ドンヒさん、焦らないでください。

暗くなったら、ガス灯がついてもっときれいに撮れます。

ドンヒ　時間がないと思ってつい焦っちゃいました。

あれ、私うまく撮れないです。

ナナミ　私の携帯で撮ってみますか。

ドンヒ　わぁ、夜景がきれいに撮れます。

ナナミ　ドンヒさんも携帯を変えたらどうですか。

ドンヒ　最新の携帯は高くて買えないです。

새로운 단어

焦る 초조하다 ｜ 運河 운하 ｜ 暗くなる 어두워지다 ｜ ガス灯 가스등 ｜ 夜景 야경 ｜ 最新 최신

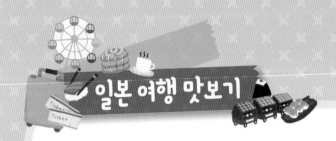

◇ 홋카이도 대표 관광 도시, 오타루

1. 국제면허증이 있다면 이동 수단으로 렌터카를 추천

홋카이도는 삿포로 외에도 관광지가 매우 많다. 그중 삿포로에서 가깝고 유명한 곳에는 오타루가 있다. 오타루는 삿포로에서 서쪽으로 40km 정도 떨어진 곳에 있는 작은 도시이다. 삿포로에서 오타루까지는 렌터카, 전철, 버스 등 다양한 방법이 있는데 일본에서 운전할 수 있다면 렌터카를 추천한다. 한국 사람이라면 국제면허증으로 누구나 일본에서 운전할 수 있다. 다만 일본은 오른쪽 좌석에 핸들이 달려 있고 왼쪽 주행이라는 점을 유의해야 한다. 오타루는 삿포로에서 오타루 방면으로 고속도로를 일직선으로 달리기만 하면 되고 대략 50분 정도 소요된다.

사실 오타루까지는 교통편이 잘 되어 있고 유명한 관광 명소는 거의 역에서 도보나 전철로 갈 수 있지만, 무더운 여름 날씨와 매서운 겨울 날씨엔 목적지까지 한 번에 갈 수 있는 렌터카가 편할 것이다. 렌터카로 가면 오타루 해변에 있는 멋진 카페를 방문하거나 주변 관광도 자유롭게 할 수 있다.

	소요 시간	요금
렌터카	50분	1인당 1,250엔*
전철	50분(일부 급행 32분)	왕복 1,280엔
버스	1시간	왕복 1,140엔

*소형차 12시간 대여, 보험 약 4,000엔 포함 + 주유비 1,000엔 + 톨비 1,220엔 / 5명 기준

2. 오타루 운하(小樽運河)
お たるうん が

오타루에 가면 꼭 봐야 하는 관광 명소이다. 다이쇼시대 때 만들어진 운하는 현재 일부를 제외하고는 매립되었지만 주변에 산책로가 조성되어 있고 저녁에는 가스등에 불이 들어와 근대시대의 모습을 엿볼 수 있다.

3. 유리 공예와 오르골의 메카

오타루는 유리 공예와 오르골이 특산물인 도시인 만큼 오타루 시내 여기저기에 유리 공예와 오르골 가게가 있다. 특히 오타루에서 만드는 유리인 오타루 유리(小樽グラス)는 맥주잔이나 화병 등 실용적인 상품이 많아 홋카이도 선물로도 인기가 많다. 오타루 유리로 유명한 가게는 기타이치가라스 3호점(北一硝子三号館)이다.

한편 오르골은 오타루에서 최대 규모의 매장을 자랑하는 오타루 오르골당(小樽オルゴール堂)이 가장 유명하다. 매장 안에는 다양한 제품이 진열되어 있다. 인기 상품은 매장 입구에 있는 증기식 시계탑의 모양을 한 오르골이다. 그런데 일본에서 만드는 오르골이기 때문에 거의 일본 가요가 수록되어 있어 한국 사람들이 모르는 노래가 많을 수도 있다.

오타루 운하의 야경(왼쪽)과 오타루 오르골당(오른쪽)

いろんな野生(やせいどうぶつ)動物を見(み)に行(い)こうと思(おも)います。

다양한 야생 동물을 보러 가려고 합니다.

학습 목표
- 동사를 의지형으로 활용할 수 있다.
- 일본어로 목적을 가지고 행위를 표현할 수 있다.

학습 내용
- 동사의 의지형
- 목적을 가지고 행위를 표현할 때 필요한 문법

　～に、～(よ)うと思(おも)います
- ～(よ)うとしました
- ～のかな
- 어떤 행위를 할 만한 표현

　価値(かち)はあります

일본 여행 맛보기
- 홋카이도의 대자연, 시레토코

▶ 그림을 참고하여 대화문을 듣고 어떤 대화인지 추측해 봅시다.

▶ 대화문을 듣고 단어의 읽는 법과 뜻을 아는 대로 적어 봅시다.

☐ かな

☐ 準備

☐ 出ようとしていました

☐ レンタカー

☐ 知床

☐ 初耳

☐ 自然

☐ そのまま

☐ 動植物

☐ 宝庫

☐ いろんな

☐ 動物

☐ 見に

☐ 行こうと思います

☐ 行く価値はあります

제4과 いろんな野生動物を見に行こうと思います。 45

▶ 앞에 나온 단어의 읽는 법과 뜻을 확인해 봅시다.

□ かな ～까(나)

□ 動植物 동식물
<ruby>どうしょくぶつ</ruby>

□ 準備 준비
<ruby>じゅんび</ruby>

□ 宝庫 보물 창고
<ruby>ほうこ</ruby>

□ 出ようとしていました
<ruby>で</ruby>
나오려고 했습니다

□ いろんな 다양한

□ レンタカー 렌터카

□ 動物 동물
<ruby>どうぶつ</ruby>

□ 知床 시레토코
<ruby>しれとこ</ruby>

□ 見に 보러
<ruby>み</ruby>

□ 初耳 금시초문
<ruby>はつみみ</ruby>

□ 行こうと思います 가려고 합니다
<ruby>い</ruby><ruby>おも</ruby>

□ 自然 자연
<ruby>しぜん</ruby>

□ 行く価値はあります
<ruby>い</ruby><ruby>か</ruby><ruby>ち</ruby>
갈 가치가 있다

□ そのまま 그대로

▶ 동희와 나나미가 호텔 로비에서 이야기를 나눈다.　　　　🎧 Track 04-01

ナナミ　　何<small>なに</small>しているのかな。

　　　　　ドンヒさん、出発<small>しゅっぱつ</small>の準備<small>じゅんび</small>はできましたか。

ドンヒ　　ちょうど今<small>いま</small>部屋<small>へや</small>を出<small>で</small>ようとしていました。

　　　　　今<small>いま</small>から下<small>した</small>に行<small>い</small>きます。

ドンヒ　　ナナミさん、朝早<small>あさはや</small>くからレンタカーを借<small>か</small>りてどこに

　　　　　行<small>い</small>くつもりですか。

ナナミ　　知床<small>しれとこ</small>って聞<small>き</small>いたことありますか。

ドンヒ　　いえ、初耳<small>はつみみ</small>ですけど。

ナナミ　　知床<small>しれとこ</small>は自然<small>しぜん</small>がそのまま残<small>のこ</small>っている動植物<small>どうしょくぶつ</small>の宝庫<small>ほうこ</small>です。

　　　　　いろんな動物<small>どうぶつ</small>を見<small>み</small>に行<small>い</small>こうと思<small>おも</small>います。

　　　　　札幌<small>さっぽろ</small>からは遠<small>とお</small>く離<small>はな</small>れていますけど、

　　　　　行<small>い</small>く価値<small>かち</small>はあると思<small>おも</small>います。

ドンヒ　　私<small>わたし</small>動物<small>どうぶつ</small>が大好<small>だいす</small>きなので、すごく楽<small>たの</small>しみです。

🐱 회화 스킬업

일본어로 처음 들었음을 표현할 때 '初<small>はじ</small>めて聞<small>き</small>きました.'라고 하는데, 회화에서는 좀 더 간단하게 '처음 귀에 들어왔다' 하여 '初耳<small>はつみみ</small>'라고 표현한다. 참고로 한국어로 이럴 때 '금시초문'이라는 사자성어를 쓰는데, 일본어로는 사용하지 않는 표현이니 주의가 필요하다.

01 동사의 의지형 활용

그룹	그룹 식별 방법	활용 방법	예시
1	○○る→✕ る로 끝나지 않는 모든 동사	う단 → お단 + う	行く → 行こう (가다) (가자)
1	○○る る 직전 히라가나가 あ, う, お단	う단 → お단 + う	乗る → 乗ろう (타다) (타자)
1	예외(형태는 2그룹 동사) 帰る etc…	う단 → お단 + う	帰る → 帰ろう (돌아가다) (돌아가자)
2	○○る る 직전 히라가나가 い, え단	○○る + よう	見る → 見よう (보다) (보자)
2	○○る る 직전 히라가나가 い, え단	○○る + よう	食べる → 食べよう (먹다) (먹자)
3	来る		来る → 来よう (오다) (오자)
3	する		する → しよう (하다) (하자)

동사 의지형의 부정형

(よ)う → ないことにしよう	行こう → 行かないことにしよう (가자) (가지 말자)

> **포인트**
>
> 동사의 의지형은 일반적으로 다른 어휘나 표현과 연결되어 어떤 행위를 하고자 하는 본인의 의지를 나타낼 때 사용된다. 한편, 동사의 의지형을 독립적으로 사용하면 반말체의 권유 표현이 된다. 일본에서는 친구나 아랫사람에게 말할 때 자주 사용되니 알아두면 좋다.

02 동사 ます형 +に ~러

Wi-Fiのパスワードを聞きに行ってくれませんか。

大使館にビザを申請しに行きます。

部屋にアメニティがなかったので、もらいに来ました。

03 동사 의지형 + (よ)うと思います ~려고 합니다

今日の夜は北海道名物の海鮮丼を食べようと思います。

シルバーウィークは旅行に行かないことにしようと思います。

日本に行ったら、免税でいろんなものを買おうと思います。

04 동사 의지형 + (よ)うとしていました ~려던 참이었습니다

(ちょうど今)チェックアウトしようとしていました。

(ちょうど今)ホテルを出ようとしていました。

(ちょうど今)電車に乗ろうとしていました。

 새로운 단어

Wi-Fi 와이파이 │ パスワード 비밀번호 │ 大使館 대사관 │ ビザ 비자 │ アメニティ 어메니티 │

海鮮丼 해산물 덮밥 │ シルバーウィーク 실버위크(9월의 긴 연휴)

05 ～のかな ～ㄹ까(나)

頼んだ料理はいつ来るのかな。

メニューがたくさんあるけど、どれがおいしいのかな。

どこのトイレがきれいなのかな。

> **포인트**
>
> な형용사는 기본형인 だ를 명사 수식형인 な로 바꾸어 연결해야 한다.

복습 동사 의지형 + (よ)うかな ～ㄹ까(나)

タラバガニとズワイガニどっちにしようかな。

何食べようかな。全部食べたくて、迷っちゃいます。

明日はどこに行こうかな。

어떤 행위를 할 만한 표현

06 価値はあります ～할 만하다

行く価値はあります。

새로운 단어

タラバガニ 킹크랩 | ズワイガニ 대게 | 迷う 정하지 못하다(헤매다)

▶ 〈보기〉와 같이 주어진 단어를 빈칸에 넣어 문장을 완성시키고 소리 내어 말해 봅시다.

1

あのう、今度の週末は何をしますか。

➡ 知床に動物を見に 行きます。

① 日本の友だちに会う　② 会社の仲間と飲む　③ 食べ歩きする

2

あのう、部屋を出ましたか。

➡ ちょうど今 部屋を出ようとしていました。

① チェックインする　　② ホテルに戻る　　③ 料理を頼む

3

あのう、今日 は何をするつもりですか。

➡ 知床でいろんな動物を見ようと思います。

① 明日、カフェでお茶する　　② 夏休み、アルバイトしてお金を稼ぐ

③ 連休、家でゆっくり休む

仲間 동료 ｜ お茶する 차를 마시다 ｜ アルバイト 아르바이트 ｜ ゆっくり 푹(쉬다, 자다와 함께)

▶ 음성을 잘 듣고 빈칸에 알맞은 단어나 표현을 넣어 봅시다.　🎧 Track 04-02

1. ① 明日は何しよう_____。

② ちょうど今空港を_____としていました。

③ Wi-Fiのパスワードを確認し____行ってきます。

2. ① バスに乗って_____を_____。

② 部屋に_____がなかったので、_____来ました。

③ ____に北海道は_____と思います。

▶ 질문을 잘 듣고 ①～③ 중에서 알맞은 답을 골라 봅시다.　🎧 Track 04-03

3.

① _____。

② _____。

③ _____。

▶ 동희와 나나미가 시레토코에 도착해서 드라이브를 하면서 이야기를 나눈다.

🎧 Track 04-04

ナナミ　知床に着きました。今からドライブしながら、

野生動物を探しに行こうと思います。

ドンヒさん、ちゃんと探してください。

ドンヒ　どこにいるのかな。

あっ、川の近くにクマがいます。

ちょうど今魚を獲ろうとしていました。

あっ、あっちにキツネの親子がいます。

ナナミさん、知床は野生動物がたくさんいてびっくりです。

ナナミ　ドンヒさんが喜んでくれてよかったです。

やっぱり来る価値はありました。

ドライブ 드라이브 ｜ 川 강 ｜ クマ 곰 ｜ 魚 물고기 ｜ 獲る 잡다 ｜ キツネ 여우 ｜ 親子 부모 자식(가족) ｜
喜ぶ 기뻐하다

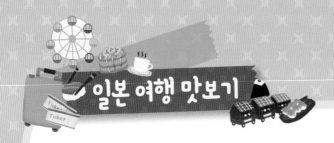

◇ 홋카이도의 대자연, 시레토코

1. 이동 수단으로 인원이 적으면 버스, 인원이 많으면 렌터카를 추천

홋카이도의 동쪽에 있는 시레토코는 1년 내내 홋카이도의 대자연을 만끽할 수 있는 국립공원이자 유네스코 세계자연유산이다. 삿포로나 오타루와 같은 관광 도시가 홋카이도의 서쪽에 있는 반면 시레토코는 동쪽, 즉 정반대에 있기 때문에 한국 사람들에게 잘 알려져 있진 않지만 한 번은 꼭 가 볼 만한 곳이다. 삿포로에서 시레토코까지 가려면 오타루와 마찬가지로 전철, 버스, 렌터카의 3가지 방법이 있다. 그런데 전철은 환승이 잦고 요금이 비싸므로 비추천이다. 버스는 삿포로 중심부에 있는 삿포로 터미널에서 환승 없이 시레토코에 있는 호텔과 관광지까지 갈 수 있기 때문에 인원이 적으면 가장 경제적이고 편하지만, 하루에 1편밖에 운행을 안 한다는 단점이 있다. 인원이 많고 자유롭게 움직이고 싶은 경우에는 렌터카를 추천한다. 경제적으로도 버스보다 렌터카가 훨씬 좋다. 삿포로에서 시레토코까지 렌터카로 고속도로를 이용하면 최단 거리로 약 400km, 쉬엄쉬엄 가면 약 6~7시간 소요된다.

	소요 시간	요금
렌터카	6~7시간	1인당 편도 2,650엔*
버스	7시간	편도 8,230엔

*소형차 24시간 대여, 보험 포함 약 7,000엔 + 주유비 2,500엔 + 톨비 3,710엔 / 5명 기준

2. 여름에 추천하는 트레킹 투어와 네이처 크루즈

시레토코는 겨울에 러시아 쪽에서 내려오는 유빙 위를 드라이 슈트를 입고 걷는 유빙워크 투어, 유빙 사이를 뚫고 지나가는 쇄빙선 투어를 즐길 수 있는 매력이 있다. 하지만 날씨가 좋은 날이나 야생 동물의 움직임이 활발하고 관찰하기 쉬운 여름이 되어야 시레토코의 매력을 한층 더 느낄 수 있을 것이다. 시레토코는 시레토코 8경(知床八景)이라고 하여 웅장한 원시림에 둘러싸인 신비로운 시레토코 5개의 호수(知床五湖), 온천물이 폭포가 되어 떨어져 내리는 가무이왓카 온천물 폭포(カムイワッカ湯の滝), 높이 60m나 되는 큰 바위인 오론코 바위(オロンコ岩)가 대표적인 볼거리이다.

가무이왓카 온천물 폭포   시레토코 5개의 호수

렌터카로 자유롭게 돌아다니는 것도 좋지만 야생 동물을 좀처럼 찾기가 어려워 전문 가이드와 다니는 트레킹 투어에 참가하는 것도 좋다. 큰곰, 홋카이도 사슴, 북장여우, 흰꼬리수리 등을 바로 앞에서 볼 수 있다. 또한 네이처 크루즈 투어에 참가하면 고래, 돌고래, 범고래, 물개 등을 만나 볼 수 있다.

시레토코에서 볼 수 있는 야생 동물

今週末は雨が降る そうです。

이번 주 주말에는 비가 내린다고 합니다.

▶ 그림을 참고하여 대화문을 듣고 어떤 대화인지 추측해 봅시다.

Track 05-01

▶ 대화문을 듣고 단어의 읽는 법과 뜻을 아는 대로 적어 봅시다.

☐ 今週末

☐ ありそうですし

☐ 福岡

☐ 良さそうです

☐ 中学時代

☐ 天気予報

☐ 親友

☐ 降るそうです

☐ 転勤になったそうで

☐ ベランダ

☐ てるてる坊主

☐ ついでに

☐ つるしておきます

☐ 別府

☐ 湯布院

단어

▶ 앞에 나온 단어의 읽는 법과 뜻을 확인해 봅시다.

□ 今週末 이번 주 주말

□ ありそうですし 있을 것 같고

□ 福岡 후쿠오카

□ 良さそうです 좋아 보입니다

□ 中学時代 중학교 시절

□ 天気予報 일기예보

□ 親友 친한 친구

□ 降るそうです 내린다고 합니다

□ 転勤になったそうで
전근되었다고 해서

□ ベランダ 베란다

□ ついでに 겸사겸사

□ てるてる坊主
비가 빨리 그치길 기원하는 인형

□ 別府 벳푸

□ つるしておきます 매달아 둡니다

□ 湯布院 유후인

▶ 동희와 나나미가 각자 집에서 전화로 이야기를 나눈다.　Track 05-01

ナナミ　ドンヒさん、今週末に福岡に行きませんか。
中学時代の親友が福岡に転勤になったそうで、
一度遊びに来たらって連絡がありました。

ナナミ　ついでに別府とか湯布院にも行こうと思いますけど、
ドンヒさんはどうですか。

ドンヒ　じゃあ、ちょっと調べてみます。

ドンヒ　おいしい食べ物がたくさんありそうですし、
温泉も良さそうですので大賛成です。
でも、天気予報では週末に雨が降るそうですけど。

ナナミ　心配しないでください。
私がてるてる坊主をベランダにつるしておきますので、
週末は雨が降りません。

회화 스킬업

STEP2에서 '~하면'에 해당하는 동사의 たら형을 학습했는데, 회화에서는 たら형을 종종 '~たらどう(で
すか)', 즉 '~면 어때(어떻습니까)'의 축약형으로도 사용한다. 예를 들어, '来たら'는 '오면 어때'가 되고, '来
たらって'는 '오면 어때'에 'って'가 결합되어 '오면 어떠냐고'가 된다.

어떤 일을 추측하거나 남에게 들은 일을 전달할 때 필요한 문법

01 そうだ의 용법에 따른 품사별 활용 방법

품사	そうだ의 용법	
	전문(伝聞)의 そうだ	추측(推量)의 そうだ
동사	기본형, ている, た형(과거형)	ます형
い형용사	기본형	い형용사의 ~~い~~
な형용사	기본형	な형용사의 ~~だ~~
명사	명사 + だ	–

02 동사 기본형, ている, た형(과거형) + そうです ~고 합니다(전문)

さっきニュースを見ましたけど、明日は大雪が降るそうです。

彼は日本語学校で日本語を一生懸命習っているそうです。

彼女は大学を卒業して、日本で就職したそうです。

03 동사 ます형 + そうです ~을/를 것 같습니다(추측)

空がどんよりしてきました。雨が降りそうです。

チェックインの時間に間に合いそうです。

 새로운 단어

日本語学校 일본어 학원 | 空 하늘 | どんよりする 잔뜩 흐리다

04　い형용사, な형용사 기본형 + そうです 〜고 합니다(전문)

九州は日本にある島の中で3番目に大きいそうです。

別府は温泉の数が日本一で有名だそうです。

05　い형용사의 い + そうです 〜ㄹ/을 것 같습니다, 어/아 보입니다

豚骨ラーメンはしょっぱそうです。

중요 いい、ない의 경우

いい → よさ + そうです、ない → なさ + そうです

福岡は近いので、日帰り旅行によさそうです。

日本にはおいしいフライドチキンのお店がなさそうです。

06　な형용사의 だ + そうです 〜ㄹ/을 것 같습니다, 어/아 보입니다

湯布院は観光客で賑やかそうです。

새로운 단어

島 섬 ｜ 3番目 세 번째 ｜ 日本一 일본 최고 ｜ 日帰り旅行 당일치기 여행 ｜ フライドチキン 프라이드치킨 ｜
賑やかだ 번화하다

07 명사 + だ + そうです ~고 합니다(전문)

明太子は韓国語が由来だそうです。

08 동사, い형용사, な형용사 기본형, 동사 ます형 + し
~고(구어체의 나열)

韓国はおいしい食べ物がたくさんあるし、見どころもたくさんあります。

温泉は体にいいし、肌にもいいです。

この部屋はきれいだし、とても静かです。

포인트

원래 나열은 연결형(동사는 'て형', い형용사는 'くて', な형용사는 'で')으로 이유·원인과 함께 표현할 수 있지만, 회화에서는 동사와 형용사 둘 다 활용 없이 'し'로 표현할 수 있어 아주 유용하다. 하지만 'し'는 이유·원인을 나타낼 수 없는 점을 명심해야 한다. 이유·원인을 말하려면 회화에서도 연결형을 사용해야 한다.

어떤 행동을 겸하는 표현

09 ついでに~ 겸사겸사~

ついでに別府とか湯布院にも行こうと思います。

새로운 단어

明太子 명란젓 | 由来 유래 | 見どころ 볼거리 | 体 몸

 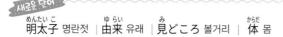

말하기 연습

▶ 〈보기〉와 같이 주어진 단어를 빈칸에 넣어 문장을 완성시키고 소리 내어 말해 봅시다.

1

あのう、明日の天気はどうですか。

➡ 午後から雨が降るそうです。

① 一日中晴れる　　② 台風が接近する　　③ 夜は冷え込む

2

あのう、福岡はどうですか。

➡ いろんなおいしい食べ物がありそうです。

① 東京、物価が高い　　② 京都、観光客がたくさんいる

③ 神戸、港の景色がいい

3

あのう、部屋はどうですか。

➡ きれいだし とても 静かです。

① 料理、種類が豊富だ、おいしい　② 新幹線、早い、便利だ

③ 旅館、親切だ、快適だ

새로운 단어

一日中 하루종일 ｜ 冷え込む 기온이 떨어지다 ｜ 物価 물가 ｜ 港 항구 ｜ 豊富だ 풍부하다 ｜ 快適だ 쾌적하다

듣기 연습

▶ 음성을 잘 듣고 빈칸에 알맞은 단어나 표현을 넣어 봅시다.   🎧 Track 05-02

1.
① 韓国料理はおいしい＿＿＿体にもいいです。

② 만땅(満タン)は日本語が由来＿＿＿そうです。

③ 明日は一日中＿＿＿＿＿＿です。

2.
① 京都は＿＿＿＿＿の数が日本一で＿＿＿＿＿＿＿＿。

② 九州は近いので、＿＿＿＿＿＿＿に＿＿＿＿＿＿。

③ 飛行機は＿＿＿＿で＿＿＿＿＿＿＿＿＿。

▶ 질문을 잘 듣고 ①～③ 중에서 알맞은 답을 골라 봅시다.   Track 05-03

3.

① ＿＿＿＿＿＿＿＿＿＿。

② ＿＿＿＿＿＿＿＿＿＿。

③ ＿＿＿＿＿＿＿＿＿＿。

▶ 동희와 나나미가 치하야와 함께 후쿠오카에서 곱창 전골을 먹으며 이야기를 나눈다. 🎧 **Track 05-04**

ナナミ	こっちは前に話したドンヒさん。

チハヤ　ドンヒさん、初めまして。

　　　　じゃあ、早速イチオシのお店に行きますか。

　　　　ここは地元の人しか知らないモツ鍋のお店だそうです。

ナナミ　そういえば、モツ鍋は元々韓国料理だそうですけど、

　　　　ドンヒさんは何か知っていますか。

ドンヒ　私料理とかあまり詳しくなくてよく分からないですけど、

　　　　韓国にはホルモン料理が多いし、人気があります。

チハヤ　あっ、頼んだモツ鍋が来ました。

　　　　ドンヒさん、お先にどうぞ。

ドンヒ　わぁ、すごくおいしそうです。

ナナミ　チハヤ、ついでに私のもよそって。

〰〰 새로운 단어 〰〰

イチオシ 강력 추천 ｜ 地元 현지 ｜ 元々 원래 ｜ 詳しい 잘 알다(자세하다) ｜ ホルモン 내장 ｜
お先にどうぞ 먼저 드세요 ｜ よそる 푸다

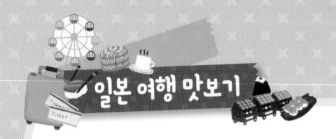

◇ 규슈 대표 도시, 후쿠오카 ①

1. 일본 여행을 처음 가거나 짧게 갔다 오는 사람에게 최적화된 도시

후쿠오카는 일본에 처음 가거나 시간이 없어 짧게 갔다 와야 하는 사람에게 최적화된 관광 도시이다. 먼저 접근성이 매우 좋다. 인천국제공항에서 후쿠오카 국제공항까지 비행기로 약 1시간 소요되고 후쿠오카 공항에서 시내 중심부까지는 지하철로 두 정거장이다. 시내 중심부에는 유명한 음식점이나 백화점 등이 모여 있다. 다음으로 편의성이 좋다. 후쿠오카는 한국인 관광객이 가장 많이 찾는 곳으로 공항은 물론 시내 곳곳에 한국어 표기를 찾아 볼 수 있다. 대중교통 안내 방송부터 지하철이나 버스, 음식점까지 한국어 메뉴판이 준비되어 있을 정도이다.

마지막으로 물가가 싼 편이다. 후쿠오카의 물가는 일본의 다른 관광 도시에 비해 비교적 저렴한 편이라 숙박비, 식사비 등 꼭 지출해야 하는 여행 경비를 아낄 수 있다. 특히 시간이 없어 짧게 갔다 와야 하는 회사원이나 장시간 걷는 여행이 힘든 어르신들, 일본은 가고 싶은데 여행 경비를 아껴야 하는 학생들에게는 먼저 후쿠오카 여행을 추천한다.

후쿠오카 하카타역(왼쪽)과 포장마차(오른쪽)

이번 주 주말에는 비가 내린다고 합니다.

2. 후쿠오카 대표 먹거리 모쓰나베(モツ鍋), 일본식 곱창 전골

후쿠오카의 먹거리에 대해서는 STEP1에서 돈코쓰라멘을 중심으로, STEP2에서는 후쿠오카의 대략적인 먹거리에 대해 소개한 바 있다. 여기서는 후쿠오카의 또 다른 먹거리인 모쓰나베(モツ鍋), 일본식 곱창 전골을 소개하려 한다.

후쿠오카 모쓰나베는 일본식 곱창 전골이라고는 하지만 한국의 곱창 전골과는 전혀 다른 음식이다. 사실 모쓰나베의 기원은 제2차 대전 후 당시 광부로 일하던 한국 사람들이 알루미늄 냄비로 내장과 부추를 볶아서 간장으로 맛을 낸 것이라고 한다. 현재는 참기름, 고추, 파 등의 고명이 들어가는 스키야키(일본식 소고기전골) 방식으로 먹게 되

후쿠오카 모쓰나베

었다. 모쓰나베는 알다시피 맵지 않은 간장 육수가 가장 큰 특징이다. 그래서 간장의 짠맛에 익숙하지 않은 한국 사람들에게는 국물이 느끼하고 유난히 짜게 느껴져서 입맛에 맞지 않을 수도 있다. 후쿠오카의 대표 먹거리인 돈코쓰라멘이나 멘타이코(명란젓)에 비하면 난이도가 높은 음식이라고 할 수 있다. 혹시 모쓰나베를 도전하고 싶다면 모쓰나베 가게 중 마늘, 고추 등을 추가하여 조리가 가능한 곳도 있기 때문에 블로그 등을 참고하여 본인의 입맛에 맞는 가게를 찾아가는 것도 좋다.

願^{ねが}いが 叶^{かな}うらしいです。

ねが
かな

소원이 이루어진다고 합니다.

학습 목표
- みたいだ와 らしい에 공통되는 추측(推量^{すいりょう}) 용법의 차이를 이해한다.
- 일본어로 비유하거나 어떤 사물의 전형적인 성질을 표현할 수 있다.

학습 내용
- 비유하거나 어떤 사물의 전형적인 성질을 표현할 때 필요한 문법

  みたいです （ようです）、らしいです

- ～んです

- ～のために

- 확실하지 않음을 강조하는 표현
  何^{なん}でも

일본 여행 맛보기
- 후쿠오카의 또 다른 매력, 다자이후텐만구와 야나가와 뱃놀이

 Track 06-01

▶ 그림을 참고하여 대화문을 듣고 어떤 대화인지 추측해 봅시다.

▶ 대화문을 듣고 단어의 읽는 법과 뜻을 아는 대로 적어 봅시다.

☐ 知らないみたいです　　　　　☐ のために

　　　　　　　　　　　　　　　　☐ 絵馬

☐ 太宰府天満宮　　　　　　　　☐ 木の板

☐ んです　　　　　　　　　　　☐ 何でも

☐ 菅原道真　　　　　　　　　　☐ お願い

☐ 学問の神様　　　　　　　　　☐ 叶うらしいです

☐ 受験生

☐ 合格祈願　　　　　　　　　　☐ 恋愛の神様

단어

▶ 앞에 나온 단어의 읽는 법과 뜻을 확인해 봅시다.

□ 知^しらないみたいです
모르는 것 같습니다

□ のために 을/를 위해

□ 太宰府天満宮^{だ ざい ふ てんまんぐう} 다자이후텐만구

□ 絵馬^{え ま} 에마

□ んです 거든요

□ 木^きの板^{いた} 나무판

□ 菅原道真^{すがわらのみちざね} 스가와라노 미치자네

□ 何^{なん}でも 확실히는 모르지만

□ 学問^{がくもん}の神様^{かみさま} 학문의 신

□ お願^{ねが}い 소원

□ 受験生^{じゅけんせい} 수험생

□ 叶^{かな}うらしい
이루어질 것 같다

□ 合格祈願^{ごうかく き がん} 합격 기원

□ 恋愛^{れんあい}の神様^{かみさま} 연애의 신

▶ 동희와 나나미가 치하야와 함께 다자이후텐만구에서 이야기를 나눈다.   🎧Track 06-01

ドンヒ   ナナミさん、福岡まで来て神社ですか。

ナナミ   ドンヒさんはよく知らないみたいですけど、

太宰府天満宮はすごく有名な神社なんです。

チハヤ   ここは菅原道真っていう学問の神様がいる神社で、

受験生が合格祈願のためにたくさん来ます。

ナナミ   絵馬という木の板があるんですけど、

何でもそれにお願いを書いたら、お願いが叶うらしいです。

ドンヒさんも絵馬にお願いを書いてみたらどうですか。

チハヤ   何かお願いしたいことはないですか。

ドンヒ   いや、ないです。

恋愛の神様にお願いしたいことはあるけど、

学問の神様にお願いしたいことはないかな。

ナナミ   ドンヒさんらしいです。

회화 스킬업

일본어로 'いや'는 원래 '싫어'의 뜻으로 잘 사용되는데, 회화에서는 문장 맨 앞에 와서 'いえ', 즉 '아니(아니다)'의 뜻으로도 사용됩니다.

01 동사 기본형, ている, た형(과거형), 형용사 기본형 + みたいです(ようです), らしいです

~은/는/ㄴ 같습니다(추측)

日本人は占いや迷信を信じているみたいです。(ようです)

日本はキリスト教を信じる人が少ないらしいです。

02 동사 기본형, ている, た형(과거형), 형용사 기본형 + らしいです ~고 합니다(전문)

さっきニュースを見ましたけど、明日は大雪が降るらしいです。

そうだ, みたいだ(ようだ), らしい의 추측의 용법 차이

	정보 취득 시의 상황	관심도
そうだ	직접적(내가 직접 얻음)	높음
みたいだ(ようだ)	직접적·간접적	다소 높음(중간)
らしい	간접적(누구를 통해 얻음)	중간(다소 낮음)

포인트

5과에서 학습한 'そうだ'와 함께 'みたいだ(ようだ)'와 'らしい'는 모두 추측의 용법이 존재하는데 일본인들은 이 세 가지를 정보 취득 시의 상황과 화자의 관심도에 따라 자연스럽게 구분하여 사용한다. 'そうだ'가 정보 취득 시의 상황이 가장 직접적이고(내가 직접 얻은 정보이고) 관심도가 높을 때 사용된다. 'らしい'가 가장 간접적이고(누구를 통해 얻은 정보이고) 관심도가 낮을 때 사용된다. 'みたいだ (ようだ)'는 그 중간이라고 할 수 있다.

새로운 단어

占い 점 | 迷信 미신 | 信じる 믿다 | キリスト教 기독교(천주교)

비유하거나 어떤 사물의 전형적인 성질을 표현할 때 필요한 문법

03 명사 + みたいです(のようです) ~와/과 같습니다(비유)

私の友だちは顔立ちが日本人みたいです。

神社の狛犬は景福宮のヘテのようです。

最近の人は韓国人みたいなファッションが好きです。

04 명사 + らしいです ~답습니다(전형적인 성질)

私の友だちは顔立ちが韓国人らしいです。

韓国はITが強い国らしくインターネットが早いです。

今日は暖かく春らしい天気です。

05 ~んです ~거든요(강조)

私の彼女は日本人なんです。

九州にはオルレがあるんです。

最近日本で韓国のドラマが再ブレイクしているんです。

顔立ち 생김새 | 狛犬 돌로 만든 사자와 비슷한 조각상 | 景福宮 경복궁 | ヘテ 해태 | ファッション 패션 |
オルレ 올레길 | 釜山 부산 | 再ブレイク 다시 주목을 받다

06 명사 + のために ~을/를 위해

日本旅行のために日本語を勉強しています。

お守り購入のために神社に行きます。

日本で就職のためにビザが必要です。

참고 동사 기본형 + ために ~기 위해

日本に旅行に行くために日本語を勉強しています。

お守りを買うために神社に行きます。

日本で就職するためにビザが必要です。

확실하지 않음을 강조하는 표현

07 何でも~ 확실하는 모르지만~

何でもそれにお願いを書いたら、お願いが叶うらしいです。

새로운 단어
お守り 부적 | 購入 구입

▶〈보기〉와 같이 주어진 단어를 빈칸에 넣어 문장을 완성시키고 소리 내어 말해 봅시다.

1

あのう、日本はどんな国ですか。

➡ キリスト教を信じる人が少ないみたいです。(らしいです)

① インターネットが遅い　　② 交通費が高い　　③ 自転車が多い

2

あのう、今日は何をしますか。

➡ お守りを買う ために 太宰府天満宮に行きます。

① たこ焼きを食べる、道頓堀に行く　　② ファッションを見る、原宿に行く
③ 鹿に会う、奈良公園に行く

3

あのう、実は私 韓国人な んです。

➡ 本当ですか。顔立ちが日本人のようです。(みたいです)

① 外国人、日本人が話す日本語　　② 会社員、学生
③ 結婚している (既婚)、独身

새로운 단어

自転車 자전거 ｜ 既婚 기혼 ｜ 独身 독신(미혼)

제6과 願いが叶うらしいです。 75

▶ 음성을 잘 듣고 빈칸에 알맞은 단어나 표현을 넣어 봅시다.

Track 06-02

1. ① 私の彼は韓国人＿＿＿＿です。

② 今日は涼しくて秋＿＿＿ようです。

③ 就職の＿＿＿＿＿英語を一生懸命勉強しています。

2. ① ＿＿＿＿＿を見ましたけど、明日は＿＿＿＿＿＿＿＿。

② 日本は＿＿＿＿＿＿ことが＿＿＿＿＿＿＿＿。

③ ＿＿＿＿＿を＿＿＿＿＿並びます。

▶ 질문을 잘 듣고 ①～③ 중에서 알맞은 답을 골라 봅시다.

Track 06-03

3.

① ＿＿＿＿＿＿＿＿。

② ＿＿＿＿＿＿＿＿。

③ ＿＿＿＿＿＿＿＿。

▶ 동희와 나나미가 치하야와 함께 야나가와 뱃놀이를 체험하면서 이야기를 나눈다. 🎧 Track 06-04

ナナミ	ドンヒさん、柳川の川下りは知っていましたか。 ドラマの撮影で韓国の女優さんも来たことがあるらしくて、 韓国でもちょっと有名になったみたいですけど。
ドンヒ	いや、私全然知らなかったです…。
ナナミ	じゃあ、今日は川下りを体験してみてください。
ドンヒ	そういえば、川の周りの景色がお城みたいですよね。
チハヤ	何でもここには昔お城があって、 この川は治水・利水のために作ったお掘らしいです。 今はお堀りを利用して、川下りをしているみたいです。
ドンヒ	チハヤさん、歴史にも詳しくてすごいです。
チハヤ	いや、実はここに来る前にヤフーで調べておきました。

새로운 단어

柳川 야나가와 | 川下り 뱃놀이 | ドラマ 드라마 | 撮影 촬영 | 女優 여배우 | 体験 체험 | 周り 주변 |
治水・利水 물을 다스리고 활용함 | お堀 수로 | 歴史 역사 | ヤフー 야후

◇ 규슈 대표 도시, 후쿠오카 ②

후쿠오카에 가면 시내 관광도 좋지만, 시간에 여유가 있다면 교외로 나가 보는 것이 좋다. 시내 중심부에 있는 니시테츠 후쿠오카역(西鉄福岡駅)에서 전철을 타면 비교적 가까운 거리에 전국적으로 유명한 관광지가 곳곳에 있기 때문이다.

1. 수험생들의 성지, 다자이후텐만구(太宰府天満宮)

전철을 타고 약 25분 정도 거리에 다자이후역(太宰府駅)이 있으며 역에서 내리면 바로 앞에 다자이후텐만구(太宰府天満宮)로 이어지는 참배길이 보인다. 참배길 양쪽에는 기념품 가게가 줄지어 있다. 다자이후텐만구는 학문의 신으로 알려진 스가와라노 미치자네(菅原道真)를 모시는 전국에 약 12,000개의 신사 중 가장 기운이 좋은 신사이다. 일본에서는 보통 고등학교 2학년 때 수학여행을 가는데 대학 합격 기원을 위해 이 곳에 오는 경우가 많다고 한다. 신사에 가면 학생들이 에마(絵馬)라고 하는 말 그림이 그려진 나무판에 본인의 소원을 적어 에마가케(絵馬掛け)에 에마를 거는 모습을 볼 수 있다. 또한 신사 곳곳에 소의 동상이 있다. 이 소의 머리를 만지면 머리가 좋아지고 본인 몸의 안 좋은 부위와 같은 소의 부위를 만지면 나아진다는 미신이 있어 남녀노소 모두가 열심히 쓰다듬고 있는 모습을 볼 수 있다.

다자이후텐만구에 있는 에마(왼쪽)와 소의 동상(오른쪽)

2. 배를 타고 일본의 옛 거리 풍경을 감상할 수 있는 야나가와(柳川)의 뱃놀이

전철을 타고 약 45분 거리에 니시테츠 야나가와역(柳川駅)이 있으며 여기서 뱃놀이 이용자를 위한 무료 셔틀버스를 타면 일본의 옛 거리 풍경이 남아 있는 야나가와 구 시가지에 갈 수 있다. 예전에 성곽도시가 있던 이 곳은 현재 성은 남아 있지 않지만 아직도 주변에는 구가옥이나 성곽 주변을 둘러싼 수로가 남아 있다. 야나가와 뱃놀이는 이 수로를 활용하여 배를 타고 뱃사공이 노래도 부르면서 야나가와와 주변 사적들에 대해 설명해 준다.

야나가와 배와(왼쪽) 뱃놀이를 즐기는 모습(오른쪽)

道なりに 行くと、交差点が あります。

길을 따라가면 교차로가 있습니다.

학습 목표

- 일본어로 길 안내를 듣고 이해할 수 있다.
- 조건의 〜なら와 필연의 〜と의 용법을 이해한다.

학습 내용

- 동사의 가정형
- 길 안내를 듣고 이해할 때 필요한 문법

  〜ば、〜たら(복습)、〜なら、〜と

- 조사 として
- 어떤 사물을 단적으로 말하는 표현

  <ruby>簡単<rt>かんたん</rt></ruby>に<ruby>言<rt>い</rt></ruby>えば

일본 여행 맛보기

- 규슈의 대표 온천 도시, 벳푸

▶ 그림을 참고하여 대화문을 듣고 어떤 대화인지 추측해 봅시다.

 Track 07-01

▶ 대화문을 듣고 단어의 읽는 법과 뜻을 아는 대로 적어 봅시다.

☐ 地獄めぐり

☐ 地獄めぐりなら

☐ 血の池地獄

☐ 簡単に言えば

☐ 血

☐ 地獄

☐ として

☐ 別府IC

☐ 右(側)

☐ 曲がる

☐ 道なり

☐ 行くと

☐ 交差点

☐ 左(側)

☐ まっすぐ

☐ 見える

 단어

Words

▶ 앞에 나온 단어의 읽는 법과 뜻을 확인해 봅시다.

□ 地獄めぐり 지옥 온천 순례 （じごく）

□ 右（側） 오른쪽 （みぎ がわ）

□ 地獄めぐりなら 지옥 온천 순례라면 （じごく）

□ 曲がる 돌다 （ま）

□ 血の池地獄 피의 연못 지옥 온천 （ち いけ じごく）

□ 道なり 길을 따라 （みち）

□ 簡単に言えば 쉽게 말하자면 （かんたん い）

□ 行くと 가면 （い）

□ 血 피 （ち）

□ 交差点 교차로 （こう さ てん）

□ 地獄 지옥 （じごく）

□ 左（側） 왼쪽 （ひだり がわ）

□ として 로서

□ まっすぐ 똑바로

□ 別府ＩＣ 벳푸IC （べ っぷアイシー）

□ 見える 보이다 （み）

82 길을 따라가면 큰 교차로가 있습니다.

▶ 동희와 나나미가 벳푸 관광지에 대한 이야기를 나누고 있다.

 Track 07-01

ドンヒ 　別府地獄めぐりはいろんな場所があるんですよね。

　　　　オススメの場所はありますか。

ナナミ 　地獄めぐりなら、やっぱり血の池地獄です。

　　　　簡単に言えば、血みたいな赤い温泉です。

　　　　一番地獄らしい温泉として有名なんです。

ドンヒ 　どうやって行けばいいですか。

ナナミ 　私も分からないので、調べてもらえますか。

ドンヒ 　えーと、別府ICを出て右に曲がって、

　　　　道なりに行くと、大きな交差点があります。

　　　　その交差点を左に曲がってまっすぐ行くと、

　　　　右側に血の池地獄が見えます。

회화 스킬업

　　일본어 부사는 문어체와 구어체 형태가 다르다. 예를 들어, 한국어 '역시'는 일본어 문어체로는 'やはり'이고 구어체로는 'やっぱり'이다. 특히 부사는 구어체가 되면 문어체 형태에 'っ' 등의 작은 히라가나가 삽입되거나 반탁음화가 일어나는 경우가 많으니 기억해 두면 좋다.

01 동사의 가정형 활용

그룹	그룹 식별 방법	활용 방법	예시
1	○○る→× る로 끝나지 않는 모든 동사	う단 → え단 + ば	行く → 行けば (가다) (가면)
	○○る る 직전 히라가나가 あ, う, お단		乗る → 乗れば (타다) (타면)
	예외(형태는 2그룹 동사) 帰る etc…		帰る → 帰れば (돌아가다) (돌아가면)
2	○○る る 직전 히라가나가 い, え단	○○<s>る</s> + れば	見る → 見れば (보다) (보면)
			食べる → 食べれば (먹다) (먹으면)
3	来る		来る → 来れば (오다) (오면)
	する		する → すれば (하다) (하면)

동사 가정형의 부정형

ない형의 い → ければ	行かない → 行かなければ (가지 않는다) (가지 않으면)

포인트

동사의 가정형은 일반적으로 일어나지 않을지도 모르는 일에 대해 말할 때 주로 쓰인다. 한편, 동사의 가정형을 독립적으로 사용하면 반말체의 권유 표현(~면 어때)이 된다. 일본에서는 친구나 아랫 사람에게 말할 때 자주 사용되니 알아두면 좋다.

길 안내를 듣고 이해할 때 필요한 문법

02 동사의 가정형 + ば ～(으)면(가정, 현재는 일어나지 않는 일)

雨が降れば、ツアーはキャンセルになります。

お酒を飲めば、運転はできません。

死に物狂いで勉強すれば、日本語はすぐ話せますか。

복습 동사의 たら형의 가정 용법 ～(으)면

雨が降ったら、ツアーはキャンセルになります。

お酒を飲んだら、運転はできません。

死に物狂いで勉強したら、日本語はすぐ話せますか。

03 동사의 기본형, 명사 + なら ～(으)면, ～라면(조건)

団体で入場するなら、割引料金があります。

九州の温泉なら、韓国では別府と湯布院が有名です。

セットで買うなら、もう少し安くなりますか。

 새로운 단어

ツアー 투어 ┃ 死に物狂いで 필사적으로 ┃ 団体 단체 ┃ セット 세트

문형과 표현

04 동사의 기본형 + と ~(으)면(필연, 반드시 그렇게 되는 일)

3月になると、日本のあちこちで桜が咲きます。

ボタンを押してからお金を入れないと、切符が出てきません。

辛い物を食べると、汗が出ます。

포인트

일본어에는 한국어 '~면'에 해당하는 문법이 'ば', 'たら', 'なら', 'と' 4개가 있다. 기본적으로 'ば'와 'たら'는 가정 용법에서 서로 대체가 가능하고 'なら'는 조건 용법으로, 'と'는 필연 용법으로 기억해 두면 좋을 것이다. 참고로 'たら'에는 가정 용법 외에 동작의 연속 용법도 있다. (STEP2를 참고하세요.)

05 조사 として 로서

韓国で福岡は安くて近い旅行先として人気があります。

日本語は大学時代に第2外国語として勉強しました。

日本の大学では教養として韓国語に接する人が多いです。

어떤 사물을 단적으로 말하는 표현

06 簡単に 言えば 쉽게 말하자면

簡単に言えば、血みたいな温泉です。

새로운 단어

あちこち 여기저기 | 桜が咲く 벚꽃이 피다 | 旅行先 여행지 | 第2外国語 제2외국어 | 教養 교양 |
接する 접하다

말하기 연습

▶ 〈보기〉와 같이 주어진 단어를 빈칸에 넣어 문장을 완성시키고 소리 내어 말해 봅시다.

1

あのう、福岡 はどこがオススメですか。

➡ 福岡 なら、太宰府天満宮 がオススメです。

① 東京、浅草　　② 大阪、道頓堀　　③ 京都、清水寺

2

あのう、雨が降ったら どうなりますか。

➡ 雨が降れば ツアーはキャンセルになります。

① 天気が悪くなる　　② 人が集まらない　　③ 台風が来る

3

あのう、血の池地獄 はどこですか。

➡ ここから 交差点をまっすぐ行く と、右 に見えます。

① 駅、踏切を越える、左　　② バス停、横断歩道を渡る、右

③ ホテル、地下道を通って反対側に行く、目の前

새로운 단어

踏切 건널목 ｜ 越える 넘어가다 ｜ 横断歩道 횡단보도 ｜ 渡る 건너다 ｜ 地下道 지하도 ｜ 反対側 반대편 ｜
目の前 코앞

듣기 연습

▶ 음성을 잘 듣고 빈칸에 알맞은 단어나 표현을 넣어 봅시다. Track 07-02

1. ① お酒を飲む____、頭が痛くなります。

② 日本でソウルは安くて近い旅行先____人気がありますか。

③ 一緒に購入する_____、サービスします。

2. ① _____は交差点を_____、目の前にあります。

② _____、_____がありますか。

③ _____、_____はキャンセルになりません。

▶ 질문을 잘 듣고 ①～③ 중에서 알맞은 답을 골라 봅시다. Track 07-03

3.

① _____。

② _____。

③ _____。

플러스 회화

Dialogue 2

▶ 동희와 나나미가 오이타에서 유명한 닭튀김을 먹기 위해 길을 찾고 있다. 🎧 Track 07-04

ドンヒ　そろそろ夕食の時間ですね。何にしますか。

ナナミ　別府に来たなら、やっぱりとり天を食べなきゃだめです。
とり天は簡単に言えば、鶏肉の天ぷらです。
大分ではソウルフードとして人気があるらしいです。

ドンヒ　私鶏肉が大好きなので、早く食べてみたいです。
ナビで見たら、元祖とり天のお店が近くにあります。

ナナミ　血の池地獄からはどうやって行けばいいですか。

ドンヒ　さっき通った大きな交差点を右に曲がって道なりに行くと、
ホテルが右側に見える大きな交差点があります。
その交差点を右に曲がってまっすぐ行くと、
右側にお店が見えます。

새로운 단어

とり天 닭튀김 ｜ 鶏肉 닭고기 ｜ 大分 오이타(현 이름) ｜ ソウルフード 소울푸드 ｜ ナビ(ナビゲーション) 네비게이션의
줄임말 ｜ 元祖 원조 ｜ さっき 아까

제7과 道なりに行くと、交差点があります。 🌸 **89**

◇ 규슈의 대표 온천 도시, 벳푸

규슈에는 수많은 온천지가 있는데, 그 중에서도 한국 사람들이 가장 많이 찾는 온천지는 벳푸이다. 벳푸는 일본에서 원천수(온천물이 솟는 곳), 용출량(온천물이 솟는 양) 1위를 자랑하며, 온천에 포함된 다양한 성분으로 형형색색의 색깔을 띠는 온천을 보러 다니는 벳푸 지옥 온천 순례가 유명하다.

1. 온천 연기 전망대(湯けむり展望台)

혹시 렌터카로 벳푸를 왔다면 꼭 가봐야 할 곳 중 하나가 온천 연기 전망대이다. JR벳푸역에서 차로 20분 거리에 위치한 이곳은 벳푸 간나와 지구의 온천 연기와 계절에 따라 색깔이 바뀌는 산의 모습을 한 번에 바라볼 수 있다. 과거 '21세기에

남기고 싶은 일본 풍경'에서 후지산 다음으로 2위로 선정된 적이 있으며, 전망대에서 바라보는 야경도 일본 야경 유산에 등재되어 있을 정도로 인기가 있다. 온천 연기나 산의 풍경을 소개하는 안내판이 설치되어 있어 벤치에 앉아 천천히 경치를 감상할 수 있다.

온천 연기 전망대에서 바라본 벳푸

2. 바다 지옥 온천(海地獄)

바다 지옥 온천은 지옥 온천 중에서도 최대규모를 자랑하며 온천물 온도는 98도에
달한다. 지옥이라는 말이 정말 어울리

지 않을 정도로 아름다운 코발트블루
색깔을 띠고 있는데, 온천물의 성분 중
하나인 유산철의 영향이라고 한다. 바
다 지옥 온천 근처에 실제로 다가가면
98도에 달하는 온천물의 온도 때문에
주변이 사우나처럼 뜨거운 연기로 둘러
싸여 있다.

바다 지옥 온천

3. 피의 연못 지옥 온천(血の池地獄)

피의 연못 지옥 온천은 일본에서 가장 오래된 천연온천 중 하나이다. 지하에서 고
온, 고압의 영향으로 자연스럽게 화학

반응이 일어나는데, 그 과정에서 생긴
산화철, 산화마그네슘 등을 포함한 빨
갛고 뜨거운 진흙이 지층에서 분출해
쌓이기 때문에 연못 전체가 빨갛게 물
든다. 지옥 온천 중에서는 가장 지옥을
연상시키는 색깔을 띠고 있다.

피의 연못 지옥 온천

雨に降られて最悪です。

 あめ ふ さいあく

비를 맞아서 최악입니다.

 학습 목표

- 동사를 수동(피동)형으로 활용할 수 있다.
- 일본어로 피해를 받은 사실에 대해 말할 수 있다.

학습 내용

- 동사의 수동(피동) 활용
- 피해를 받은 사실에 대해 말할 때 필요한 문법
- 일반적인 수동(피동) 표현, 피해 용법으로서의 수동(피동) 표현

  ～(よ)うとしたら

- 어떤 일을 고생해서 했는데 뜻대로 안 될 때 사용하는 표현

  せっかく～

일본 여행 맛보기

- 규슈의 대표 온천 마을, 유후인

▶ 그림을 참고하여 대화문을 듣고 어떤 대화인지 추측해 봅시다. Track 08-01

▶ 대화문을 듣고 단어의 읽는 법과 뜻을 아는 대로 적어 봅시다.

□ 町		□ 豊かで	
□ 女性		□ 急に	
□ 言われています		□ 止む	
		□ しょうがないですね	
□ 隠れ家			
□ 全体		□ 歩こうとしたら	
□ 山		□ せっかく	
□ 囲まれていて		□ 降られて	
□ 自然		□ 最悪	

▶ 앞에 나온 단어의 읽는 법과 뜻을 확인해 봅시다.

□ ^{まち}町 마을　　　　　□ ^{ゆた}豊かで 풍부하고

□ ^{じょせい}女性 여성　　　　　□ ^{きゅう}急に 갑자기

□ ^い言われています　　　□ ^や止む 그치다
　말해지고 있습니다

□ ^{かく}隠れ^が家 숨은 장소　　　□ しょうがないですね
　　　　　　　　　　　　어쩔 수 없네요

□ ^{ぜんたい}全体 전체　　　　　□ ^{ある}歩こうとしたら 걸으려고 했더니

□ ^{やま}山 산　　　　　　　□ せっかく 모처럼

□ ^{かこ}囲まれていて 둘러싸여 있어서　□ ^ふ降られて (비를) 맞아서

□ ^{しぜん}自然 자연　　　　　□ ^{さいあく}最悪 최악

▶ 동희와 나나미가 유후인 마을을 산책하면서 이야기를 나눈다.

🎧 Track 08-01

ドンヒ　湯布院はどんなところですか。

ナナミ　湯布院は静かできれいな温泉の町として有名で、
　　　　特に女性に人気だと言われています。
　　　　隠れ家みたいな小さな旅館があるのも特徴です。
　　　　ちょっと歩いてみませんか。

ドンヒ　空気もいいし、町全体が山に囲まれていて
　　　　自然が豊かでいいところですね。
　　　　あっ、冷たい。あれ、急に雨が降ってきたみたいです。

ナナミ　しょうがないですね。
　　　　カフェにでも入って雨が止むのを待ちませんか。

ドンヒ　これから歩こうとしたら雨です。
　　　　せっかく来たのに、雨に降られて最悪です。

회화 스킬업✦✦

일본어로 '어쩔 수 없다'는 '할 방법이 없다'라고 하여 'しようがない'라고 하는데 앞서 7과에서 언급한 것처럼 구어체로는 'よ'가 작은 'ょ'로 바뀌어 'しょうがない'와 같이 표현한다.

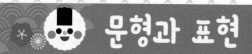

피해를 받은 사실에 대해 말할 때 필요한 문법

01 동사의 수동(피동)형 활용

2그룹과 3그룹 来る의 활용은 가능형 활용과 동일함

그룹	그룹 식별 방법	활용 방법	예시
1	○○る→✕ る로 끝나지 않는 모든 동사	う단 → あ단 + れる	行く (가다) → 行かれる (가지 않았으면 좋겠는데 가다)
1	○○る る 직전 히라가나가 あ, う, お단		乗る (타다) → 乗られる (타지 않았으면 좋겠는데 타다)
1	예외(형태는 2그룹 동사) 帰る etc…		帰る (돌아가다) → 帰られる (돌아가지 않았으면 좋겠는데 돌아가다)
2	○○る る 직전 히라가나가 い, え단	○○る̶ + られる	見る (보다) → 見られる (보지 않았으면 좋겠는데 보다) 食べる (먹다) → 食べられる (먹지 않았으면 좋겠는데 먹다)
3	来る		来る (오다) → 来られる (오지 않았으면 좋겠는데 오다)
3	する		する (하다) → される (하지 않았으면 좋겠는데 하다)

02 일반적인 수동(피동) 표현

① 한국어도 동일하게 동사의 수동(피동)형 동사를 사용하여 표현한다.

電車に乗る時、後ろの人に足を踏まれました。

カフェで充電していた携帯(電話)が盗まれました。

予約がいっぱいで予約を断られました。

② 한국어는 해당 동사의 수동(피동)형이 없어 주어와 목적어의 위치를 바꾸어 일반 동사로 표현한다.

繁華街で知らない人に殴られました。

初めて日本に来た時、タクシー料金をぼったくられました。

お土産屋で何も買わなくて悪口を言われました。

03 특수한 수동(피동) 표현

일본어만 피해를 강조하기 위해 일부러 동사의 수동(피동)형을 사용하여 표현한다.

急に雨に降られて荷物が濡れちゃいました。

赤ちゃんに泣かれて飛行機の中でゆっくり休めなかったです。

横の人に携帯を見られて不快でした。

새로운 단어

足を踏む 발을 밟다 │ 充電する 충전하다 │ 断る 거절하다 │ 繁華街 번화가 │ 殴る 때리다 │ ぼったくる

바가지를 씌우다 │ 悪口を言う 욕하다 │ 濡れる 젖다 │ 赤ちゃんが泣く 아기가 울다 │ 不快だ 불쾌하다

문형과 표현

포인트

일본어 수동(피동) 표현은 한국어에 없는 표현이 많아 해석하기 어렵다. ①의 경우, 한국어에도 동일하게 동사의 수동형이 존재하여 한국어로도 해석하기 쉽지만, ②의 경우, 한국어에 해당 동사의 수동형이 없어 일본어의 '殴られる(~에게 때림을 당하다)'를 자연스럽게 해석하려면 주어와 목적어의 위치를 바꾸어 '~이/가 ~를 때리다'로 해석해야 한다. ③의 경우, 한국어의 동사 수동형에 이러한 쓰임 자체가 없어 '雨に降られる(비에 내림을 당하다)'는 '비가 내리다'로 해석해야 한다.

04 동사 의지형 + (よ)うとしたら ~려고 했더니

食事をして部屋に戻ろうとしたら、カードキーがありませんでした。

限定商品を買おうとしたら、私の前で売り切れになりました。

空港に行こうとしたら、地震で電車が止まっていました。

어떤 일을 고생해서 했는데 뜻대로 안 될 때 사용하는 표현

05 せっかく～ 모처럼~

せっかく来たのに、雨に降られて最悪です。

새로운 단어

カードキー 카드키 | 地震 지진

말하기 연습

▶ 〈보기〉와 같이 주어진 단어를 빈칸에 넣어 문장을 완성시키고 소리 내어 말해 봅시다.

1

あのう、大丈夫ですか。

➡ 電車の中で 殴られました。

① 悪口を言う　　　　　　② 知らない人がじろじろ見る

③ 肩をぶつける

2

あのう、何かありましたか。

➡ 部屋に戻ろう としたら、ルームキー がありませんでした。

① レジでお金を払う、財布　　　② 携帯を充電する、充電器

③ 改札を通る、切符

3

あのう、どうしましたか。

➡ 地下鉄に乗ろう としたら、足を踏まれました。

① バスを降りる、後ろから押す　　② お会計する、割り込みする

③ 飛行機の中で寝る、赤ちゃんが泣く

듣기 연습

▶ 음성을 잘 듣고 빈칸에 알맞은 단어나 표현을 넣어 봅시다.　🎧 Track 08-02

1.
　① 赤ちゃんに＿＿＿＿＿ゆっくり寝れなかったです。

　② 旅行に行った時、知らない人＿＿＿悪口を言われました。

　③ チェックイン＿＿＿＿としたら、パスポートがありませんでした。

2.
　① ＿＿＿＿している時、財布を＿＿＿＿＿＿＿＿。

　② 空港に＿＿＿＿＿＿＿＿、＿＿＿＿で電車が運転を見合わせていました。

　③ 雨に＿＿＿＿＿＿＿＿＿＿＿＿＿＿が濡れてしまいました。

▶ 질문을 잘 듣고 ①～③ 중에서 알맞은 답을 골라 봅시다.　🎧 Track 08-03

3.

　① ＿＿＿＿＿＿＿＿＿＿。

　② ＿＿＿＿＿＿＿＿＿＿。

　③ ＿＿＿＿＿＿＿＿＿＿。

플러스 회화

▶ 동희와 나나미가 기념품 가게에 들어가서 이야기를 나눈다.　　🎧 Track 08-04

ドンヒ　　お土産屋さんはどこも人がたくさんいますね。
　　　　　中に入るのも一苦労しそうです。

ナナミ　　痛い。店に入ろうとしたら、足踏まれちゃいました。

ドンヒ　　私も肩ぶつけられちゃいました。

ナナミ　　レジにも人がすごいたくさん並んでいます。
　　　　　ドンヒさん、お土産買わないといけないんですか。

ドンヒ　　はい、職場の友だちに必死に頼まれて
　　　　　買って帰らないといけないんです。
　　　　　それにせっかく来ましたし、何か買って帰りたいです。

ナナミ　　しょうがないですね。
　　　　　私が列に並んでいますので、早く選んできてください。

ドンヒ　　すみません。
　　　　　じゃあ、お言葉に甘えて。

〰〰〰 새로운 단어 〰〰〰
一苦労 고생 ｜ 職場 직장 ｜ 必死に 필사적으로 ｜ 頼まれる 부탁받다 ｜ 列 줄 ｜ お言葉に甘えて 말씀을 달게 받겠습니다

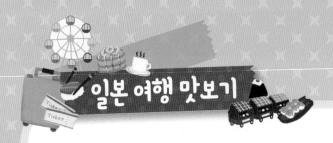
◇ 규슈의 대표 온천 마을, 유후인

1. 유후인(湯布院)과 유후다케(由布岳)

유후인은 일본 국내에서도 잘 알려진 온천 마을이다. 벳푸도 유명한 온천지이지만 유후인은 벳푸와는 다른 매력을 가지고 있다. 가장 큰 매력은 바로 위치이다. 유후인에 도착하면 가장 먼저 눈에 들어오는 것은 유후다케이다. 유후다케는 분고(오이타현의 옛 명칭)의 후지산(豊後富士)이라고 불리며 유후인의 상징이라고 할 수 있는 산이다. 유후인역(由布院駅)을 나오면 바로 앞에 유후인 역전 상점가(駅前商店街)와 함께 그 뒤에 우뚝 서 있는 유후다케를 볼 수 있다. 유후인은 유후다케로 둘러싼 분지에 위치해 있으며 유후다케를 통해 사계절마다 다양한 모습을 드러낸다. 주변에는 스카보로(スカーボロ)라고 하는 영국제의 레트로 버스도 달리고 있는데 유후다케와 스카보로를 배경으로 기념사진을 찍으면 매우 멋진 한 장이 나올 것이다.

우뚝 서 있는 유후다케(왼쪽)와 스카로브(오른쪽)

2. 유노쓰보 거리(湯の坪通り)

유후인을 대표하는 이 거리는 먹자골목으로 유명하며 경시대회에서 금상을 받은 일본식 고로케를 비롯해 오이타현 명물인 도리텐(닭튀김) 등이 있다. 가장 매력적인 것은 이 유노쓰보 거리에만 있는 멋진 외관을 가진 디저트 가게(케이크, 푸딩 등)이다.

유노쓰보 거리

3. 긴린코 호수(金鱗湖)

긴린코는 유후인 온천지에 위치해 있고 온천물이 솟고 있으며 30도가 넘는 하천을 포함한 5개의 하천이 주변에서 유입된다. 이 온도차로 가을부터 겨울까지 이른 아침에 안개가 서서히 낀다. 환상적인 풍경을 볼 수 있어 관광객들이 많이 오는 유명한 곳이다.

긴린코 호수

私に運転させて ください。

<ruby>私<rt>わたし</rt></ruby>に<ruby>運転<rt>うん てん</rt></ruby>させて ください。

제가 운전하겠습니다.

학습 목표

- 동사를 사역형, 사역수동형으로 활용할 수 있다.
- 사역형을 활용하여 자신의 의견을 말하거나 부탁할 수 있다.

학습 내용

- 동사 사역형, 사역수동형의 활용
- 사역수동형의 개념과 역할
- ~ましょう
- 사역형을 활용한 다양한 표현
  ~(さ)せてください、~(さ)せてくれますか

일본 여행 맛보기

- 일본의 하와이, 오키나와①

▶ 그림을 참고하여 대화문을 듣고 어떤 대화인지 추측해 봅시다.

Track 09-01

▶ 대화문을 듣고 단어의 읽는 법과 뜻을 아는 대로 적어 봅시다.

☐ もうすぐ

☐ 助手席

☐ 蒸し暑い

☐ 乗せてくれますか

☐ 長丁場

☐ 運転させられる

☐ 責任を持って

☐ 運転させてください

☐ 安全運転

☐ 信じましょう

☐ 運転席

▶ 앞에 나온 단어의 읽는 법과 뜻을 확인해 봅시다.

□ もうすぐ 이제 곧

□ 助手席(じょしゅせき) 조수석

□ 蒸(む)し暑(あつ)い 무덥다

□ 乗(の)せてくれますか
태워 줍니까

□ 長丁場(ながちょうば) 장시간

□ 責任(せきにん)持(も)って 책임지고

□ 運転(うんてん)させられる
어쩔 수 없이 운전하다

□ 安全運転(あんぜんうんてん) 안전운전

□ 運転(うんてん)させてください
운전하게 해 주세요

□ 信(しん)じましょう 믿읍시다

□ 運転席(うんてんせき) 운전석

▶ 동희와 나나미가 카페에서 여름 휴가 일정에 대한 이야기를 나눈다.

Track 09-01

ドンヒ　もうすぐ夏休みですね。

　　　　ナナミさん、沖縄に行きませんか。

ナナミ　うーん、どうしようかな。

ドンヒ　やっぱり夏は蒸し暑いので、沖縄は嫌ですか。

ナナミ　いや沖縄でまた長丁場運転させられると思うと

　　　　ちょっと…。

ドンヒ　沖縄では私に運転させてください。

ナナミ　えっ、ドンヒさん運転できるんですか。

ドンヒ　私韓国ではよく運転してましたけど。

ナナミ　じゃあ、今度は私を運転席じゃなくて、

　　　　助手席に乗せてくれますか。

ドンヒ　はい、私が責任を持って安全運転します。

ナナミ　分かりました。ドンヒさんを信じましょう。

회화 스킬업

'책임을 지다'를 일본어로 그대로 해석하면 '責任を負う'인데 일본어로 '責任を負う'는 일반적으로 과실의 책임이 나에게 있을 때 즉, 부정적인 뜻으로 사용된다. 반면 '責任を持つ'는 내가 하겠다는 행동에 대해 책임을 지는 긍정적인 뜻으로 사용된다.

문형과 표현

어떤 행위를 시키거나 어떤 행위를 어쩔 수 없이 할 때 필요한 문법

01 동사의 사역형(사역수동(피동)형) 활용

그룹	그룹 식별 방법	활용 방법	예시
1	○○る→× る로 끝나지 않는 모든 동사	사역형 う단 → あ단 + せる 사역수동형 う단 → あ단 + せられる	行く → 行かせる (가다) (가게 하다) 行く → 行かせられる(어쩔 수 없이 가다)
1	○○る る 직전 히라가나가 あ, う, お단	사역형 う단 → あ단 + せる 사역수동형 う단 → あ단 + せられる	乗る → 乗らせる (타다) (타게 하다) 乗る → 乗らせられる(어쩔 수 없이 타다)
1	예외 (형태는 2그룹 동사) 帰る etc…		帰る → 帰らせる (돌아가다) (돌아가게 하다) 帰る → 帰らせられる(어쩔 수 없이 돌아가다)
2	○○る る 직전 히라가나가 い, え단	사역형 ○○る + させる 사역수동형 ○○る + させられる	見る → 見させる (보다) (보게 하다) 見る → 見させられる(어쩔 수 없이 보다) 食べる → 食べさせる (먹다) (먹이다) 食べる → 食べさせられる(어쩔 수 없이 먹다)
3	来る		来る → 来させる (오다) (오게 하다) 来る → 来させられる(어쩔 수 없이 오다)
3	する		する → させる (하다) (시키다) する → させられる(어쩔 수 없이 하다)

02 사역수동(피동)형의 개념과 역할

사역수동(피동)형은 앞서 학습한 사역형과 수동(피동)형이 결합한 형태이며, 누군가가 나에게 나의 의지와 반대되는 어떤 행위를 시키는데 결국 그 행위가 나에게 피해를 줄 때 사용된다. 일반적으로 '어쩔 수 없이~'로 해석한다.

① 私はお土産を買いました。 나는 선물을 샀습니다.

② 店員が(私に)お土産を買わせました。 점원이 선물을 사게 했습니다.

③ 私は(店員に)お土産を買わせられました。 나는 어쩔 수 없이 선물을 샀습니다.

포인트

①은 내가 나의 의지로 선물을 샀다는 표현이고, ②는 점원이 나에게 선물을 억지로 사게 했다는 부분에 초점을 둔 표현이다. ③은 ②와 마찬가지로 점원이 나에게 선물을 억지로 사게 했는데 그것이 내 의지와 반대로 일어난 행위이자 나에게 피해를 준 행위라는 부분에서 사역형 문장과 사역수동형 문장은 확실히 뜻에 차이가 있다.

03 현대 일본어에서 사역수동(피동)형의 형태 변화

1그룹 동사의 경우, 사역수동(피동)형은 기본적으로 う단을 あ단으로 바꾼 다음에 せられる를 연결하지만, 회화에서는 せられる의 축약형인 される를 연결하는 경우가 자주 보인다.

私は(店員に)お土産を買わせられました。

私は(店員に)お土産を買わされました。

04 사역형, 사역수동(피동)형

リゾートを遅く出たので、夕食の時間を遅らせました。

オーバーブッキングで飛行機を次の便に変更させられました。

蒸し暑いのに、遺跡巡りで一日中歩かされました。

05 ます형 + ましょう(か) ~ㅂ시다(~ㄹ까요?)

今日は最終日なので、奮発して豪華な食事でもしましょう。

とりあえず沖縄の地ビールから飲みましょうか。

明日は雨が降りそうなので、予定を変えましょう。

사역형을 활용한 자주 사용하는 표현

06 ~(さ)せてください、~(さ)せてくれますか

~하게 해 주세요, ~하게 해 줍니까?

私に運転させてください。

助手席に乗せてくれますか。

새로운 단어

遅らす、遅らせる 늦추다 | オーバーブッキング 오버 부킹 | 便 (비행기 등의) 편 | 変更する 변경하다 |

遺跡巡り 유적지 탐방 | 最終日 마지막 날 | 奮発する 큰 마음을 먹고 물건을 사다 | 豪華だ 호화롭다 |

とりあえず 일단 | 地ビール 지방 특산 맥주 | 予定 일정

▶ 〈보기〉와 같이 주어진 단어를 빈칸에 넣어 문장을 완성시키고 소리 내어 말해 봅시다.

1

あのう、お金が余った ので 豪華な食事でもしましょうか。

➡ そうですね。大賛成です。

① たくさん歩く、少し休む　　② のどが渇く、コーヒーでも飲む

③ 沖縄に来る、沖縄名物のソーキそばでも食べる

2

あのう、すみませんが 運転して くれませんか。

➡ もちろんです。私に 運転させて ください。

① 買い物に行く　　② 荷物を持つ　　③ ごちそうする

3

商売が上手で、お土産 をたくさん 買わせられました。

➡ 実は、私もたくさん 買わされました。

① 料理、頼む　　② 免税品、購入する　　③ 泡盛、飲む

ごちそうする 한턱내다 ｜ 余る 남다 ｜ のどが渇く 목이 마르다 ｜ ソーキそば 오키나와식 국수 ｜

商売 장사 ｜ 泡盛 오키나와식 소주

▶ 음성을 잘 듣고 빈칸에 알맞은 단어나 표현을 넣어 봅시다. Track 09-02

1. ① 台風で飛行機を次の便に＿＿＿＿＿＿＿＿。

② せっかく沖縄に来たので、海で＿＿＿＿＿。

③ 今日は私に＿＿＿＿＿＿＿＿＿。

2. ① 沖縄料理を＿＿＿＿＿＿＿＿＿＿。

② 空港を＿＿＿＿＿遅く出たので、チェックインの時間を

＿＿＿＿＿＿＿＿＿＿。

③ ＿＿＿＿＿＿みんなで一緒にビールを＿＿＿＿＿＿。

▶ 질문을 잘 듣고 ①～③ 중에서 알맞은 답을 골라 봅시다. Track 09-03

3.

① ＿＿＿＿＿＿＿＿＿。

② ＿＿＿＿＿＿＿＿＿。

③ ＿＿＿＿＿＿＿＿＿。

플러스 회화

▶ 동희와 나나미가 수족관 안에서 이야기를 나눈다.　🎧 Track 09-04

ナナミ　ここは沖縄の海をテーマにした水族館です。
　　　　早速中に入ってみましょう。

ナナミ　こっちは浅瀬の海でよく見られる生き物を展示してます。
　　　　ヒトデなら触らせてもらえるみたいです。
　　　　ドンヒさん、せっかくなので触ってみたらどうですか。

ドンヒ　いや、ちょっと気持ち悪いので大丈夫です。

ナナミ　こっちはおしゃれなカフェです。
　　　　大きな水槽の中でジンベイザメが泳ぐ姿を見ながら
　　　　軽い食事が楽しめます。

ドンヒ　魚を見ながら魚料理を食べさせられるんじゃないですよね。

ナナミ　違います。肉がメインの
　　　　沖縄料理です。

새로운 단어

テーマ 주제 ｜ 水族館 수족관 ｜ 浅瀬の海 얕은 바다 ｜ 生き物 생물 ｜ 展示する 전시하다 ｜ ヒトデ 불가사리 ｜
気持ち悪い 징그럽다 ｜ 水槽 수조 ｜ ジンベイザメ 고래 상어 ｜ 泳ぐ 헤엄치다 ｜ 姿 모습

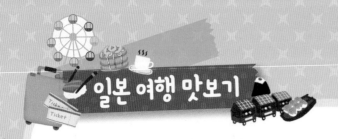

◇ 일본의 하와이, 오키나와 ①

1. 오키나와(=하와이?)

오키나와는 아열대기후에 속해 1년 내내 온난한 기후로 일본의 하와이라고 불리며 휴양관광지로서 한국 사람들에게도 인기가 많다. 그런데 많은 한국 사람이 오키나와를 하와이로 착각해서 1년 내내 밤낮 가리지 않고 반소매로 다니며 해수욕할 수 있다고 생각하는데 그렇지 않다. 겨울이나 바람이 불 때는 얇은 긴소매가 필요하고 해수욕은 3월 말부터 10월 중순쯤까지 가능하니 계획을 잘 세워서 여행을 떠나야 한다.

2. 나하 국제거리(那覇国際通り)

오키나와를 대표하는 도시인 나하시(那覇市)에 위치한 나하 국제거리는 길이 1.6km에 약 600개의 가게가 늘어선 오키나와 관광의 중심지이다. 이곳에는 백화점, 호텔, 환전소, 레스토랑, 기념품 가게 등 여행에 필요한 모든 곳이 모여 있고 대부분의 가게는 밤 10시까지 영업하니 밤늦게까지 즐길 수 있다. 또한 주변에는 오키나와 재래시장

니하 국제거리

인 제일 마키시 시장(第一牧志市場)이나 오키나와 도기 가게들이 모이는 쓰보야야치문 거리(壺屋やちむん通り) 등이 있어 볼거리가 풍부하다.

3. 츄라우미 수족관(美ら海水族館)

츄라우미 수족관 입구

나하시에서 렌터카로 2시간 거리인 츄라우미 수족관은 오키나와를 대표하는 관광지이다. 해양 공원에 위치한 이곳은 오키나와 바다를 고스란히 재현한 수족관으로 크게 산호바다, 구로시오 바다, 심해 세 가지로 나누어 전시되어 있다. 산호바다 수조에는 오키나와 바다의 대명사인 다양한 색깔의 예쁜 산호가 대규모로 전시되어 있어, 실제로 바닷속에 들어가지 않아도 오키나와의 아름다운 바다를 감상할 수 있다. 또한 심해 수조에서는 평소 보기 힘든 신기한 심해어까지 볼 수 있다

츄라우미 수족관의 하이라이트는 구로시오 바다이다. 높이 8.2m, 폭이 22.5m의 초대형 수조에서 길이 8.8m나 되는 고래 상어가 헤엄치는 모습을 손이 닿을 정도의 거리에서 감상할 수 있다. 그 외에 상어나 만타가오리 등 대형 어류도 전시되어 있어 남녀노소 가리지 않고 주변에서 감탄하는 소리가 끊이지 않는다.

츄라우미 구로시오 바다 고래 상어

一度試食されますか。
いちど ししょく

한번 시식하시겠습니까?

▶ 그림을 참고하여 대화문을 듣고 어떤 대화인지 추측해 봅시다.

Track 10-01

▶ 대화문을 듣고 단어의 읽는 법과 뜻을 아는 대로 적어 봅시다.

☐ お客さん

☐ 琉球王国

☐ 来られましたか

☐ お口

☐ 方

☐ 合われますか

☐ 買って行かれます

☐ もしかして

☐ 日持ち

☐ 試食されますか

☐ 賞味期限

☐ ちんすこう

☐ 切れる

☐ 伝統

☐ 2カ月

▶ 앞에 나온 단어의 읽는 법과 뜻을 확인해 봅시다.

- ☐ お客さん 손님
- ☐ お口 입(높임말)

- ☐ 来られましたか 오셨습니까
- ☐ 合われますか 맞으십니까

- ☐ 方 분
- ☐ もしかして 혹시

- ☐ 買って行かれます
  사 가십니다
- ☐ 日持ち 오래 보존할 수 있음

- ☐ 試食されますか
  시식하시겠습니까
- ☐ 賞味期限 유통기한

- ☐ ちんすこう
  친스코(오키나와 전통 과자)
- ☐ 切れる (날짜가) 지나다

- ☐ 伝統 전통
- ☐ 2カ月 2개월

- ☐ 琉球王国 류큐 왕국

▶ 동희와 나나미가 함께 국제거리 기념품 가게에서 이야기를 나눈다.

🎧Track 10-01

店員	いらっしゃいませ。 お客さんはどこから来られましたか。
ナナミ	私は神戸ですけど、彼女は韓国から来たんです。
店員	韓国の方はこれが1番人気で、たくさん買って 行かれます。一度試食されますか。
ドンヒ	これは何ですか。
店員	これはちんすこうという沖縄伝統のお菓子で、 琉球王国時代からあるんです。 お口に合われたらいいんですけど。
ドンヒ	おいしいです。もしかして日持ちしますか。
店員	はい、賞味期限が切れるまで2カ月以上あります。
ドンヒ	じゃあ、これください。

회화 스킬업✚✚

회화에서 한국어로 '혹시 ~있습니까?'처럼 '혹시'를 사용하는 경우가 많은데, 일본어로 '혹시'를 'もし'로 잘못 알고 있는 학습자가 많다. 일본어로 'もし'는 '만약'이고 '혹시'는 'もしかして'이다. 한국어는 '혹시'에 '만약'의 뜻이 포함되어 있지만 일본어로 '만약'과 '혹시'는 'もし'와 'もしかして'처럼 말이 따로 존재한다.

문형과 표현

01 동사의 약식 경어 활용(수동(피동)형과 활용이 완전히 같음)

그룹	그룹 식별 방법	활용 방법	예시
1	○○る→✕ る로 끝나지 않는 모든 동사	う단 → あ단 + れる	行く → 行かれる (가다)　(가시다)
	○○る る 직전 히라가나가 あ, う, お단		乗る → 乗られる (타다)　(타시다)
	예외(형태는 2그룹 동사) 帰る etc…		帰る → 帰られる (돌아가다) (돌아가시다)
2	○○る る 직전 히라가나가 い, え단	○○る + られる	見る → 見られる (보다)　(보시다) 食べる → 食べられる (먹다)　(드시다)
3	来る		来る → 来られる (오다)　(오시다)
	する		する → される (하다)　(하시다)

포인트

'れる', 'られる'가 붙는 활용형에는 가능형(STEP2에서 학습), 수동(피동)형, 약식 경어가 있는데, 2그룹 동사와 3그룹의 '来る'에 한해 가능형, 수동(피동)형, 약식 경어 모두 활용이 완전히 같다. 반면 1그룹과 3그룹의 'する'는 수동(피동)형과 약식 경어만 활용이 같으니 유의해야 한다.

02 가능형, 수동(피동)형, 약식 경어의 활용 차이 (1그룹 동사와 3그룹의 **する**)

屋内プールは午前10時から使えます。(使える)

屋内プールを使われますか。(使われる)

野外プールは午前9時から利用できます。(できる)

野外プールを利用されますか。(される)

포인트

1그룹 동사와 3그룹의 'する'는 가능형이 각각 'う단 → え단 + る'와 'できる'인 반면 수동(피동)형 및 약식 경어는 각각 'う단 → あ단 + れる'와 'される'이다.

03 약식 경어

お客さん、どちらに行かれますか。

ここで食べられますか。それとも持ち帰られますか。

タバコは吸われますか。

새로운 단어

屋内 실내 | 野外 야외 | それとも 아니면

복습 **まで** ~까지(기간, 한도)

デパートは午前10時半から午後8時半まで営業しています。

沖縄旅行のベストシーズンは6月半ばから7月初めまでです。

日本は入国する時、合計20万円まで免税です。

04 **までに** ~까지(기한)

自由行動した後、12時までに集合してください。

ご予約の変更は前日までにお願いします。

出発の2時間前までに空港に行きましょう。

포인트

'まで'는 어떤 시점에서 어떤 시점까지 일정 시간 동안 지속되는, 즉 선(—)으로 표현할 수 있는 행위나 행동, 일인 경우에 사용되는 반면 'までに'는 지속되지 않고 순간적으로 끝나는, 즉 점(·)으로 표현할 수 있는 행위나 행동, 일인 경우에 사용된다.

어떻게 될지 모를 때 사용하는 표현

05 **もしかして~** 혹시~

もしかして日持ちしますか。

새로운 단어

営業 영업 │ ベストシーズン 여행가기 좋은 시기 │ 半ば 중순 │ 初め 초, 초순 │ 入国 입국 │
自由行動 자유행동 │ ご予約 예약(격식체) │ 前日 전날

▶ 〈보기〉와 같이 주어진 단어를 빈칸에 넣어 문장을 완성시키고 소리 내어 말해 봅시다.

1

> あのう、タバコを吸われますか。
>
> ➡ はい、吸います。／いいえ、吸いません。

① お酒を飲む　　　② 車を運転する　　　③ 荷物を預ける

2

> あのう、何時に 空港に行かれますか。
>
> ➡ 出発2時間前 に 行くつもりです。

① 朝食を食べる、8時　② ホテルに戻る、夕方　③ お風呂に入る、6時

3

> あのう、自由行動 はできますか。
>
> ➡ 可能ですが、12時 までに 集まってください。

① 予約の変更、前日、知らせる

② 追加のオーダー、閉店1時間前、注文する

③ 送迎、9時、ロビーに来る

───── 새로운 단어 ─────

夕方 저녁 | 知らせる 알리다 | オーダー 오더 | 閉店 폐점 | 送迎 픽업 서비스 | ロビー 로비

▶ 음성을 잘 듣고 빈칸에 알맞은 단어나 표현을 넣어 봅시다.　Track 10-02

1. ① タクシーに＿＿＿＿＿＿＿＿。

② 韓国[かんこく]に入国[にゅうこく]する時[とき]、合計[ごうけい]６万円[まんえん]＿＿＿＿＿免税[めんぜい]です。

③ プールを＿＿＿＿＿＿＿＿＿。

2. ① ここで＿＿＿＿＿＿＿＿。それとも＿＿＿＿＿＿＿＿＿＿。

② ＿＿＿＿＿＿＿時間[じかん]の変更[へんこう]は＿＿＿＿＿＿連絡[れんらく]してください。

③ ＿＿＿＿＿＿＿韓国[かんこく]から＿＿＿＿＿＿＿＿＿＿。

▶ 질문을 잘 듣고 ①～③ 중에서 알맞은 답을 골라 봅시다.　Track 10-03

3.

① ＿＿＿＿＿＿＿＿＿＿＿＿＿＿。

② ＿＿＿＿＿＿＿＿＿＿＿＿＿＿。

③ ＿＿＿＿＿＿＿＿＿＿＿＿＿＿。

플러스 회화

▶ 동희가 시내 면세점에서 직원과 이야기를 나눈다.　　　🎧 Track 10-04

店員	いらっしゃいませ。何かお探しですか。
ドンヒ	あのう、もしかしてこの写真の化粧品は置いてますか。
店員	はい、一度試されますか。
ドンヒ	大丈夫です。
店員	韓国まで行かれますか。
ドンヒ	いえ、今日本に住んでて、大阪まで帰ります。
店員	現金で支払われますか。
ドンヒ	カードでお願いします。
店員	ありがとうございました。

새로운 단어

化粧品 화장품 ｜ 置く 진열되다(두다) ｜ 試す 써 보다(도전하다)

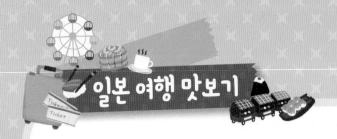

◇ 일본의 하와이, **오키나와** ②

1. 슈리성(首里城)

오키나와를 여행하면 오키나와가 일본의 다른 지역과 다른 독특한 문화를 가지고 있음을 알 수 있다. 현재의 오키나와는 한때 류큐 왕국(琉球王国)이라고 불리는 독립국이었으며 오키나와 곳곳에는 류큐 왕국의 역사와 문화를 느낄 수 있는 다양한 유적들이 남아 있다. 그 중에서도 슈리성은 류큐 왕국을 대표하는 상징이다. 슈리성은 류큐를 통일한 쇼씨(尚氏) 왕가가 살았던 류큐 왕조의 성이며 중국과 일본의 건축 양식을 융합하여 만들어졌다. 일본의 일반적인 성과 달리 건물이 전체적으로 빨간색을 띠고 있어 화려한 분위기를 뽐내고 있다. 슈리성은 정전(正殿)도 유명하지만 슈리성의 정문인 슈레이 문(守礼門)이 잘 알려져 있다. 슈레이 문은 2000엔 지폐 앞면에 그려져 있어 한국에서도 은행에서 환전한 적이 있는 사람이라면 알게 모르게 본 적이 있을 것이다.

슈리성

슈레이 문

2. 나키진성(今帰仁城)

나키진 성

오키나와에는 슈리성 외에도 오래된 성들이 많이 존재한다. 그중 나키진성은 슈리성과 거의 동일한 크기를 자랑하고 일본의 성 100선에도 선정된 만큼 높이 평가를 받고 있다. 나키진성은 절벽에 따라 만들어진 1.5km에 달하는 곡선의 성벽이 유명하며, 이 성벽과 함께 오키나와의 아름다운 바다를 구경할 수 있다.

3. 세이화우타키(斎場御嶽)

오키나와에는 성 외에도 류큐 왕국 시대의 유적이 많이 남아 있다. 세이화우타키는 류큐의 신화에 등장하는 성지 중에서도 가장 신성한 성지이다. 원래는 남성 출입이 금지된 곳으로 류큐 국왕마저 성역에 들어갈 때는 여성용 복장으로 갈아입었다고 전해지고 있다. 특히 가운데에 위치한 삼각형의 공간이 가장 신성한 곳으로 여겨지고 있어 사람들이 삼각형 공간에 서서 사진을 찍거나 좋은 기운을 받아 가려고 한다.

세이화우타키

本日は何時頃 いらっしゃいますか。

<ruby>本<rt>ほん</rt></ruby><ruby>日<rt>じつ</rt></ruby>は<ruby>何<rt>なん</rt></ruby><ruby>時<rt>じ</rt></ruby><ruby>頃<rt>ごろ</rt></ruby>

오늘은 몇 시쯤 오시겠습니까?

학습 목표

- 특수 경어(단어가 된 경어)를 듣고 말할 수 있다.
- 특수 경어를 활용한 다양한 표현을 구사할 수 있다.

학습 내용

- 일본어 경어의 종류와 기능

  존경어, 겸양어, 정녕어, 미화어

- 특수 경어

- ~が(~けど의 격식체, 문어체)

- 특수 경어를 활용한 다양한 표현

  いらしてください

일본 여행 맛보기

- 일본 대표 온천 마을, 하코네

▶ 그림을 참고하여 대화문을 듣고 어떤 대화인지 추측해 봅시다.

 Track 11-01

▶ 대화문을 듣고 단어의 읽는 법과 뜻을 아는 대로 적어 봅시다.

□ お電話 _____

□ 申し遅れました _____

□ 富士旅館 _____

□ 頃 _____

□ いらっしゃいますか

_____

□ 承知いたしました

_____

□ ご夕食 _____

□ お時間 _____

□ ～が _____

□ 大勢 _____

□ お客様 _____

□ おいでになりましたので

_____

□ 召し上がっていただけますでしょうか

_____

□ 構いません _____

□ お気をつけて _____

□ いらしてください _____

 단어

▶ 앞에 나온 단어의 읽는 법과 뜻을 확인해 봅시다.

□ お電話 전화(격식체)　　□ ～が ~지만(격식체)

□ 申し遅れました
말씀드리는 것이 늦어졌습니다　　□ 大勢 많은(사람)

□ 富士旅館 후지 여관(여관 명칭)　　□ お客様 손님(격식체)

□ 頃 쯤　　□ おいでになりましたので
오셨으니까

□ いらっしゃいますか
오십니까　　□ 召し上がっていただけますでしょうか
드셔 주실 수 있는지요?

□ 承知いたしました
알겠습니다(격식체)　　□ 構いません 상관없습니다

□ ご夕食 석식(격식체)　　□ お気をつけて 조심히(격식체)

□ お時間 시간(격식체)　　□ いらしてください 오십시오

▶ 동희가 숙소로 가는 길에 여관 직원과 전화로 이야기를 나눈다. Track 11-01

スタッフ　もしもし。キム・ドンヒ様のお電話ですか。

ドンヒ　はい、そうですけど。

スタッフ　申し遅れました。富士旅館でございます。
本日は何時頃いらっしゃいますか。

ドンヒ　3時の予定でしたけど、渋滞で少し遅れそうです。
4時には着けると思います。

スタッフ　承知いたしました。
それから本日のご夕食のお時間ですが、
本日大勢のお客様がおいでになりましたので、
少し遅い時間に召し上がっていただけますでしょうか。

ドンヒ　はい、構いません。

スタッフ　ありがとうございます。
お気をつけていらしてください。

회화 스킬업

일반적으로 부탁이나 요청을 받고 응할 때 한국어 '괜찮습니다'에 해당하는 일본어는 '大丈夫です'와 '構いません(상관 없습니다)'이 있다. 그중 '構いません(상관 없습니다)'은 격식체로 동등한 관계나 아랫 사람에게 주로 사용된다. 예를 들어, 손님이 여관 직원에게는 사용할 수는 있어도 직원은 손님에게 사용하지 못한다.

01 일본어 경어(敬語)란?

일본어에서는 높임말을 경어라고 부르며 경어에는 존경어(尊敬語), 겸양어(謙讓語), 정녕어(丁寧語), 미화어(美化語) 이렇게 4가지 종류가 있다. 존경어는 상대를 높이는 경어이며, いらっしゃる(한국어의 계시다) 등이 해당한다. 겸양어는 자신을 낮춤으로써 상대를 높이는 경어로, お目にかかる(한국어의 뵙다) 등이 있는데, 한국어보다 일본어에 훨씬 많이 존재하는 경어이다. 정녕어는 듣는 사람을 직접 높이는 경어이며, です, ます(한국어의 합쇼체나 해요체)가 사용된다. 미화어는 앞의 3가지의 경어와 달리 단순히 말씨를 예쁘게 하려는 경어이다. お水(물) 등 단어에 ご 또는 お가 붙은 단어가 해당되며, 한국어에 존재하지 않는 경어이다.

일본어 경어의 종류와 기능

종류	기능
존경어(尊敬語)	상대를 높임
겸양어(謙讓語)	자신을 낮춤으로써 상대를 높임
정녕어(丁寧語)	듣는 사람을 직접 높임
미화어(美化語)	단순히 말씨를 예쁘게 함

> **포인트**
>
> 'ご'나 'お'가 붙은 단어는 경우에 따라 존경어나 겸양어로 분류되기도 한다. 예를 들어 10과에서 배운 'お口'는 원래 '口'인데 손님의 입이라는 뜻으로 상대를 높이기 위해 사용하고 있어서 존경어에 해당한다. 또한 'ご予約'도 원래 '予約'인데 손님의 예약하는 행위를 높이기 위해 사용하므로 존경어에 해당한다. 그런데 만약 '(내가) 예약을 해드리다' 등 나의 행위에 대해 'ご予約'를 사용한다면 존경어가 아니라 겸양어에 해당된다.

02 특수 경어(특수한 단어로 표현하는 존경어, 겸양어)

	존경어	겸양어
いる	いらっしゃる	おる
行^いく		参^{まい}る 伺^{うかが}う
来^くる	いらっしゃる お見^みえになる お越^こしになる おいでになる	
する	なさる	致^{いた}す
言^いう	おっしゃる	申^{もう}す
見^みる	ご覧^{らん}になる	拝見^{はいけん}する
食^たべる	召^めし上^あがる	いただく
飲^のむ		
もらう	–	
くれる	くださる	–
あげる	–	差^さし上^あげる
着^きる	お召^めしになる	–
聞^きく 尋^{たず}ねる	–	伺^{うかが}う
訪^{たず}ねる	–	
会^あう	–	お目^めにかかる
死^しぬ	亡^なくなる お亡^なくなりなる	–
寝^ねる	お休^{やす}みになる	–
知^しる(知^しっている)	ご存^{ぞん}じです(ご存^{ぞん}じ)	存^{ぞん}じる 存^{ぞん}じ上^あげる
ある	–	ございます(ござる)

03 특수 경어

ご要望がありましたら、何でもおっしゃってください。

パスポートを拝見してもいいですか。

ご宿泊された方に記念品を差し上げております。

포인트

'差し上げる'는 한국어 '드리다'에 해당되지만 윗사람에게 직접 사용하지 않는다. 예를 들어 윗사람에게 물건을 드릴 때는 일본어로 '差し上げます'가 아니라 'どうぞ' 등을 사용하고, 윗사람을 위해 무엇을 할 때는 '～して差し上げます'가 아니라 '～させてください' 등을 사용하면 실례가 되지 않는다.

04 ～が ~지만(~けど의 격식체)

この化粧品は高いですが、肌にいいです。

日本のお菓子は甘いですが、海外のお客様に人気です。

あそこにドラッグストアがありますが、品揃えがよくありません。

특수 경어를 활용한 다양한 표현

05 いらしてください 오십시오

お気をつけていらしてください。(いらっしゃってください보다 잘 씀)

ご要望 요청 사항(격식체) | ご宿泊 숙박(격식체) | 方 분 | 品揃え 상품을 골고루 갖춤

▶ 〈보기〉와 같이 주어진 단어를 빈칸에 넣어 문장을 완성시키고 소리 내어 말해 봅시다.

1

あのう、<u>いただいでもいいですか</u>。(←もらう)

➡ はい、構_{かま}いません。

① 見_みる　　　　② 訪_{たず}ねる　　　　③ 言_いう

2

あのう、<u>新聞_{しんぶん}</u> を <u>ご覧_{らん}になりますか</u>。(←見_みる)

➡ いいえ、大丈夫_{だいじょうぶ}です。

① ワイン、飲_のむ　　　　② 浴衣_{ゆかた}、着_きる

③ おもちゃ、お子_こさんにあげる

3

あのう、<u>何時頃_{なんじごろ}</u> <u>いらっしゃいますか</u>。(←来_くる)

➡ <u>3時_じ</u>頃_{ごろ} 伺_{うかが}います。(←行_いく)

① 寝_ねる、9時_じ　　　　② ホテルにいる、4時_じ

③ 食_たべる、7時_じ

새로운 단어

新聞_{しんぶん} 신문 | ワイン 와인 | 浴衣_{ゆかた} 목욕 후에 입는 기모노 | おもちゃ 장난감 | お子_こさん 어린이(격식체)

▶ 음성을 잘 듣고 빈칸에 알맞은 단어나 표현을 넣어 봅시다. 🎧 Track 11-02

1. ① 何時頃＿＿＿＿＿＿＿＿＿＿＿＿＿＿。

② ２４時間スタッフがフロントに＿＿＿＿＿＿。

③ チケットを＿＿＿＿＿＿＿＿＿＿＿＿＿。

2. ① 初めて＿＿＿＿＿＿＿＿＿＿。キムと＿＿＿＿＿。

② 空港までの＿＿＿＿を＿＿＿＿＿＿＿。

③ ＿＿＿＿された方に無料で＿＿＿＿＿＿＿＿＿＿。

▶ 질문을 잘 듣고 ①〜③ 중에서 알맞은 답을 골라 봅시다. 🎧 Track 11-03

3.

① ＿＿＿＿＿＿＿＿＿＿。

② ＿＿＿＿＿＿＿＿＿＿。

③ ＿＿＿＿＿＿＿＿＿＿。

▶ 동희와 나나미가 여관에 도착하여 여관 직원으로부터 안내를 받고 있다. 　Track 11-04

スタッフ　ようこそいらっしゃいました。

当館のご説明をさせていただきます。

温泉は１階で、男性が青、女性が赤の暖簾でございます。

露天風呂からは海がご覧になれます。

夕食は先ほど電話で申しましたが、

３階の宴会場に７時半にいらしてください。

朝食は２階の食堂で朝６時半からお召し上がりいただけます。

他にご質問がございましたら、何でもおっしゃってください。

ナナミ　大丈夫です。ドンヒさんは？

ドンヒ　私も大丈夫です。

スタッフ　それではごゆっくりお休みになってください。

 새로운 단어

当館 당관(이 여관) ｜ ご説明 설명(격식체) ｜ 暖簾 포렴 ｜ 露天風呂 노천온천 ｜ 先ほど 아까 전에 ｜ 宴会場 연회장 ｜
ご質問 질문(격식체)

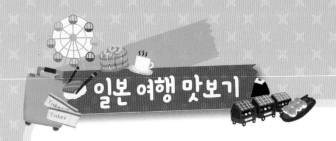

◇ 일본 대표 온천 마을, 하코네

1. 하코네(箱根)와 료칸(旅館)

하코네는 일본에서도 이름을 모르는 사람이 없을 정도로 매우 유명한 온천 마을 중 하나이다. 도쿄에서 1시간 반밖에 걸리지 않아 당일치기나 1박 2일로 다녀올 수 있고 주변에 볼거리도 풍부하여 인기가 많다. 또한 다른 지역의 온천지에 비해 다양한 가격대의 숙소가 많아서 일본의 전통 호텔인 료칸을 체험해 보기에 좋은 곳이다.

가격대에 따른 료칸 시설과 서비스를 대략 소개하자면 먼저 10만 원 이하의 료칸은 건물이 오래된 느낌이 나며 방이 작고 료칸에 따라 아침식사가 제공되지 않는 곳도 있다. (식사가 제공되는 곳도 있음) 다음으로 10~20만 원대의 료칸은 건물은 오래되더라도 리모델링을 해서 비교적 깔끔하고 방 크기가 적당하며 아침 식사와 저녁 식사가 함께 제공된다. 30만 원 이상의 료칸은 일반적으로 고급 료칸이라 할 수 있는데 시설이나 식사는 말할 것도 없이 만족스럽다. 여기에 객실마다(혹은 특정 객실만) 개인 온천이 있어 연인이나 가족끼리 온천을 즐길 수 있다.

하코네 유황 온천

일본 료칸 내부

2. 아시노코 호수(芦ノ湖)

아시노코 호수

하코네 화산 폭발로 만들어진 호수 아시노코는 유람선을 타고 호수에서 보이는 후지산의 경관이나 호수에 비춰 거꾸로 보이는 후지산(逆さ富士)의 모습을 볼 수 있는 곳으로 유명하다. 다만 날씨가 안 좋을 때는 보이지 않으니 날씨가 좋은 초여름이나 가을에 가는 것을 추천한다.

3. 오와쿠다니(大涌谷)

하코네 화산 폭발로 만들어진 오와쿠다니는 화산이란 무엇인지 직접 경험해 볼 수 있는 곳이다. 오와쿠다니 주변은 화산 활동으로 인해 유황 냄새가 퍼져 있고 하얀 연기가 곳곳에서 분출되고 있다. 이 때문에 에도시대 때는 지옥이라 불렸다고도 한다. 또한 이 곳은 유황 온천에서 삶은 흑계란(黒たまご)도 유명한데 이 계란을 하나 먹으면 수명이 7년 길어진다는 미신이 전해지고 있다.

오와쿠다니(왼쪽)와 삶은 흑계란(오른쪽)

Eチケットを
イー
お見せください。
み

전자 항공권을 보여 주십시오.

학습 목표

- 존경어와 겸양어의 공식을 이해한다.
- 일본어로 경어를 다양하고 자유롭게 사용할 수 있다.

학습 내용

- 존경어 공식

  お＋ます형＋になる、お＋ます형＋ください

- 겸양어 공식

  お＋ます형＋する、いたす

- 여행에서 자주 사용하는 단어의 격식체

- ずつ

- 시간 양보를 부탁할 때 사용하는 표현
  お急ぎのところ〜
  いそ

일본 여행 맛보기

- 그 외의 추천 관광지, 시즈오카

▶ 그림을 참고하여 대화문을 듣고 어떤 대화인지 추측해 봅시다.

 Track 12-01

▶ 대화문을 듣고 단어의 읽는 법과 뜻을 아는 대로 적어 봅시다.

☐ お急ぎのところ　_____

☐ お待たせいたしました

　_____

☐ 何名様　_____

☐ Eチケット　_____

☐ お見せください　_____

☐ ご出発　_____

☐ よろしいでしょうか

☐ お調べいたします　_____

☐ 少々　_____

☐ お待ちください　_____

☐ ずつ　_____

☐ お取りできます

　_____

☐ ゲート　_____

☐ お越しください

　_____

▶ 앞에 나온 단어의 읽는 법과 뜻을 확인해 봅시다.

□ お急ぎのところ 바쁘신 가운데

□ お調べ致します
알아보겠습니다

□ お待たせ致しました
오래 기다리셨습니다

□ 少々 조금만

□ 何名様 몇 분

□ お待ちください
기다려 주십시오

□ Eチケット 전자 항공권

□ ずつ 씩

□ お見せください
보여 주십시오

□ お取りできます
확보할 수 있습니다

□ ご出発 출발(격식체)

□ ゲート 게이트

□ よろしいでしょうか
괜찮으십니까

□ お越しください 오십시오

▶ 동희가 공항에서 일본인 손님을 응대하며 일하고 있다.

🎧 Track 12-01

ドンヒ　お急ぎのところお待たせ致しました。

　　　何名様でしょうか。

お客様　４人です。

ドンヒ　パスポートとＥチケットをお見せください。

　　　韓国までご出発でよろしいでしょうか。

お客様　はい。あのう、窓側の席はありますか。

ドンヒ　お調べ致しますので、少々お待ちください。

　　　席が離れてしまいますが、

　　　２人ずつでしたら、お取りできます。

お客様　しょうがないですね。それでお願いします。

ドンヒ　こちらが航空券でございます。

　　　出発時間の15分前までにゲートまでお越しください。

🐱 회화 스킬업 ✚✚

지금까지 회화에서 한국어 '조금'을 일본어로 '少し' 혹은 'ちょっと'로 사용해 왔을 것이다. 그런데 일본어는 부사에도 격식체가 있는 경우가 많아 격식체로 말할 때는 문장 전체의 격식에 맞게 '少々'로 바꿔서 말하는 것이 훨씬 자연스럽다.

01 존경어 및 겸양어 공식

① 존경어 お(ご) + ます형(한자어) + になります、ください

~십니다, ~십시오

明日は何時発の飛行機でお帰りになりますか。

お急ぎの方は次の駅で快速にお乗り換えください。

非常の際はこちらの番号にご連絡ください。

② 겸양어 お(ご) + ます형(한자어) + 致します、します

~어/아 드립니다

後ほど係りの者が客室までご案内致します。

申し訳ございません。すぐにタオルをお持ち致します。

ただ今満席ですので、席が空きましたらお呼びします。

> **포인트**
>
> 11과에서 학습한 특수 경어가 있는 동사는 특수 경어를 먼저 사용하고 그 외의 동사는 기본적으로 공식에 따라 경어를 만든다. 또한 겸양어 공식의 경우, '致します' 또는 'します'가 사용되는데 '致します'가 'します'보다 좀 더 정중한 표현이다.

새로운 단어

何時発 몇 시 출발 | お急ぎの方 급하신 분 | 非常の際 비상시(격식체) | 後ほど 이따(격식체) |

係りの者 담당자 | タオル 타월 | ただ今 지금(격식체)

02 お(ご) + ます形(한자어 명사) + ですか ~십니까?

いらっしゃいませ。何かお探しですか。

日本にはいつまでご滞在ですか。

韓国にはいつご帰国ですか。

03 여행에서 자주 사용되는 명사와 부사의 격식체

① お가 붙는 경우

お会計、お客、お車、お座席、お時間、お支払い、お食事、お手続き、お電話、お名前、お願い、お飲み物、お乗り換え、お部屋、お約束

② ご가 붙는 경우

ご案内、ご希望、ご帰国、ご協力、ご購入、ご住所、ご宿泊、ご出発、ご署名、ご乗車、ご説明、ご滞在、ご昼食、ご注文、ご朝食、ご搭乗、ご到着、ご入浴、ご夕食、ご予定、ご予約、ご要望、ご利用、ご連絡

③ 아예 형태가 바뀌는 경우

本日、ただいま、先ほど(아까)

④ 부사

少々、後ほど、至急(바로)、大変(매우)

04 여행에서 자주 사용되는 표현의 격식체

いいですか　　→　よろしいですか

どうですか　　→　いかがですか

だれですか　　→　どなた(様)ですか、どちら様ですか

分かりました　→　かしこまりました、承知致しました(しました)

すみません　　→　申し訳ございません

포인트

'申し訳ございません'는 '말씀드릴 변명이 없다'라는 뜻으로 일본어 사과 표현 중 가장 정중한 표현이다. 주로 직원이 손님에게 사과할 때 사용하는데 여행 중 본인의 과실로 정말 잘못한 일이 생겼을 때는 손님의 입장에서도 사용할 수 있다.

05 〜ずつ 〜씩

危ないですので、1人ずつ中にお入りください。

数に限りがありますので、1人1個ずつお取りください。

2人ずつなら並んでお座りになれます。

시간 양보를 부탁할 때 사용하는 표현

06 お急ぎのところ〜 바쁘신 가운데〜

お急ぎのところお待たせ致しました。

새로운 단어

数 수(갯수) ｜ 限り 한정 ｜ 並んで 나란히

🚃 말하기 연습

▶ 〈보기〉와 같이 주어진 단어를 빈칸에 넣어 문장을 완성시키고 소리 내어 말해 봅시다.

1

あのう、お飲み物(←飲み物) はよろしいですか。

➡ はい、大丈夫です。

① 時間　　　　　② 注文　　　　　③ 部屋

2

あのう、チェックイン お願いします。

➡ パスポートをお見せください。(←パスポートを見せる)

① お会計、現金で支払う　　　② チェックアウト、カードキーを返す

③ カード払い、こちらに署名する

3

あのう、タオルがないんですが。

➡ 申し訳ございません。すぐ お持ち致します。(←持つ)

① リモコンの電池がない、用意する　　② シーツが汚れている、取り替える

③ 料理に髪の毛が入っている、作り直す

카드キー 카드키 | カード払い 카드 지불 | リモコン 리모컨 | シーツ 시트 | 汚れる 더럽히다 |
取り替える 교환하다 | 髪の毛 머리카락 | 作り直す 다시 만들다

듣기 연습

▶ 음성을 잘 듣고 빈칸에 알맞은 단어나 표현을 넣어 봅시다.　🎧 Track 12-02

1. ① すみません、お水（みず）とお茶（ちゃ）を１つ＿＿＿＿ください。

② ＿＿＿＿＿＿は朝（あさ）６時（じ）半（はん）から召（め）し上（あ）がれます。

③ ご搭乗（とうじょう）の手続（てつづ）きは＿＿＿＿＿＿＿＿＿。

2. ① 領収書（りょうしゅうしょ）はチェックアウトの＿＿＿に＿＿＿＿＿＿＿＿。

② ＿＿＿＿＿＿は＿＿＿＿＿＿＿＿＿＿。

③ 部屋（へや）の中（なか）では＿＿＿＿＿に＿＿＿＿＿＿＿＿。

▶ 질문을 잘 듣고 ①～③ 중에서 알맞은 답을 골라 봅시다.　🎧 Track 12-03

3.

① ＿＿＿＿＿＿＿＿＿＿＿。

② ＿＿＿＿＿＿＿＿＿＿＿。

③ ＿＿＿＿＿＿＿＿＿＿＿。

플러스 회화

▶ 동희가 공항에서 일본인 손님에게 상황을 설명하고 있다.

🎧 Track 12-04

ドンヒ　韓国からご到着の吉澤様いらっしゃいますか。

吉澤　はい、私ですけど。

ドンヒ　お急ぎのところ大変申し訳ございませんが、

　　　　お預けになった荷物を別のお客様がお持ちになりまして…。

吉澤　えっ、そうなんですか。

ドンヒ　はい…ただいま連絡を取っておりますので、

　　　　こちらで少々お待ちください。

吉澤　分かりました。

ドンヒ　たった今連絡が取れたんですが、

　　　　空港をご出発になったみたいで、

　　　　もう少しお待ちいただくことになりそうです。

　　　　荷物が着きましたら、

　　　　お呼び致します。

〰〰 새로운 단어 〰〰

たった今 방금 전에

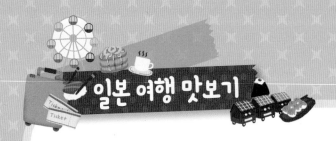

◇ 그 외의 추천 관광지, 시즈오카

1. 후지산(富士山)

시즈오카는 도쿄에서 서쪽으로 100km 정도 떨어진 곳에 있으며 1년 내내 기후가 온난하여 귤과 녹차의 산지로 널리 알려져 있다. 그리고 무엇보다도 해발 3,776m의 높이를 자랑하는 일본에서 가장 높은 산인 후지산이 있는 곳으로 유명하다. 후지산에 가려면 도쿄에서 신칸센을 타고 신후지역(新富士駅)에서 내려 후지산행 버스를 타면 된다. 등산하려면 등산이 가능한 7월 초에서 9월 초 사이에 가야 한다. 참고로 가장 짧은 등산로인 후지노미야 등산 입구(富士宮登山口)에서 정상까지는 약 6시간, 내려올 때는 약 4시간이 소요된다.

반면 후지산을 보는 것만으로 만족한다면 신후지역에서 버스, 전철 등을 타고 후지산을 품은 작은 도시인 후지노미야시(富士宮市)로 이동하면 된다. 가장 가까운 역인 후지노미야역(富士宮駅)에서 내려 북쪽을 바라보면 마치 한 폭의 그림 같은 거대한 후지산이 보일 것이다.

후지노미야역과(왼쪽)과 후지산의 모습(오른쪽)

2. 후지노미야 야키소바(富士宮やきそば)

후지노미야 야키소바

후지노미야는 후지산이 있는 도시로 유명하지만 야키소바 또한 명물이다. 후지노미야 야키소바는 일반적인 야키소바와 먹는 방법이 다르다. 고무와 같은 탄력이 있는 면에 돼지기름을 짠 후에 남은 찌꺼기를 기름으로 튀긴 니쿠가스(肉かす)와 함께 볶는다. 그다음 다시코(だし粉)라는 멸치 말랭이와 파래김의 분말을 뿌려 먹는 것이 큰 특징이다.

3. 이즈(伊豆)

시즈오카현 동부에 위치한 이즈반도(伊豆半島)를 중심으로 온천지가 모여 있어 수도권과 근교에서 주말이나 연휴에 많은 사람들이 이 곳을 찾아온다. 이즈는 온천 외에도 화산지대에 위치해 있기 때문에 오무로야마(大室山)를 비롯해서 곳곳에 오름이 많이 보이고 죠가사키 해안(城ヶ崎海岸)과 더불어 화산지대 특유의 용암류로 만

멀리서 본 이즈반도

들어진 해변도 볼 수 있다. 또한 앞바다에서 잡히는 다양한 해산물을 맛볼 수 있는 것도 이즈의 또 다른 매력이다.

부록

📖 본문 회화 해석

제1과   p.11

• 회화 •

동희 나나미 씨. 빅뉴스입니다.
저 일본 항공사에 운 좋게 취업됐어요.
4월 입사인데요, 빨리 일본에 가서 여행이라
도 하고 싶어요.

나나미 그러고보니, 인터넷에서 홋카이도행 항공권
이 아주 싸게 팔고 있었어요.
동희 씨가 홋카이도에 가고 싶다고 해서 사
이트 URL은 복사해 놨어요.
오늘까지 세일이라고 쓰여 있었으니까 가능
한 한 빨리 봐 주세요.

동희 알겠어요. 오늘 중으로 확인해 놓을게요.

• 플러스 회화 •   p.17

나나미 동희 씨. 공항 근무이지요?
어느 공항에서 일해요?

동희 아직 확실하지 않은데,
아마 간사이 공항이라고 들었어요.

나나미 그럼, 우리집에서도 꽤 가까워서 이제부터
자주 볼 수 있겠어요. 그런데 사는 곳은 정했
어요?

동희 간사이 공항이라면 고베에 사는 걸로 정해
놨어요.

나나미 그럼 제가 고베에 있는 원룸을 알아봐 놓을
게요.
무슨 조건이라도 있어요?

동희 네. 하나만요. 가능한 한 역 근처가 좋아요.

제2과   p.23

• 회화 •

나나미 홋카이도는 역시 춥네요.

동희 그런가요? 저는 서울보다 춥지 않은 것 같은
데요. 아, 저기 보이는 것이 시계탑 맞지요?

나나미 네, 홋카이도를 대표하는 관광 명소입니다.

동희 저 바로 SNS에 올리기 딱 좋은 사진을 찍고
싶어요.

나나미 동희 씨, 시계탑이 커서 다 (사진에) 안 들어
가니까 바로 앞에서 찍지 않는 것이 좋을 것
같아요. 번거롭겠지만 도로 건너편에 가서
찍는 편이 낫지 않을까요?

동희 나나미 씨, 전혀 상관없어요. 사진은 제가 메
인이라서 (사진에) 다 안 들어가도 돼요.

• 플러스 회화 •   p.29

나나미 오늘 밤에는 징기스칸(양고기 구이)이랑 맥
주입니다. 이곳은 식사와 음료가 무제한 리
필입니다.

동희 징기스칸이 뭐예요?

나나미 쉽게 말하자면 양고기 구이예요.

동희 저 양고기는 좀... 냄새나 보기에 소고기나 돼
지고기랑 조금 달라서...

나나미 무리해서 안 먹어도 되는데요.
이곳의 고기는 정말 맛있으니까 먹어 보세요.

동희 어라? 생각보다 냄새도 안 나고 맛있어요.
맥주도 맛있어서 오늘은 끝까지 마실 거예요.

나나미 내일도 일찍 일어나야 하니까 무리하지 않는
것이 좋을 것 같은데요.

제3과   p.35

• 회화 •

동희 유리 공예 가게가 여기저기 있어요.

나나미 오타루는 유리 공예로 아주 유명해요.
잠깐 안으로 들어가 볼까요?

동희 와, 반짝거려서 예뻐요.
컵과 접시, 장식품까지 여러 가지 다 모여 있
어요.
아, 이거 갖고 싶은데 비싸서 못 사겠어요.
이것도 갖고 싶은데 가격이 꽤 하네요.

나나미 동희 씨, 만지지 마세요.
깨지면 변상해야 돼요.

동희 예뻐서 나도 모르게 만지고 싶어졌어요.

나나미 동희 씨, 그래서 어떻게 하겠어요? 살 거예요?

동희 사면 이따 맛있는 음식을 못 먹으니까 참을
게요.

동희   나나미 씨, 잠깐 기다려 주세요.
      운하 사진을 보낸다고 가족들에게 말했기 때
      문에 저 사진을 찍어야 해요.
나나미 동희 씨, 초조해하지 마세요.
      어두워지면 가스등이 켜져서 더 예쁘게 찍을
      수 있어요.
동희   시간이 없을 것 같아서 나도 모르게 급했네요.
      어라, 저 잘 못 찍겠어요.
나나미 내 휴대폰으로 찍어 볼까요?
동희   와, 야경을 예쁘게 찍을 수 있어요.
나나미 동희 씨도 휴대폰을 바꾸면 어때요?
동희   최신 휴대폰은 비싸서 못 사요.

제4과   p.47

• 회화 •

나나미 뭐 하고 있으려나.
      동희 씨, 출발 준비됐어요?
동희   마침 방을 나오려던 참이었어요. 지금 밑으
      로 내려갈게요.
      나나미 씨, 아침 일찍부터 렌터카를 빌려서
      어디로 갈 거예요?
나나미 시레토코라고 들어봤어요?
동희   아니요, 처음 들었는데요.
나나미 시레토코는 자연이 그대로 남아 있는 동식물
      의 보물 창고예요.
      여러 동물을 보러 가려고 해요. 삿포로에서
      멀리 떨어져 있지만 갈 만할 거예요.
동희   저 동물을 너무 좋아해서 엄청 기대돼요.

• 플러스 회화 •   p.53

나나미 시레토코에 도착했어요.
      이제부터 드라이브하면서 야생 동물을 찾으
      러 가려고 해요. 동희 씨, 잘 찾아 주세요.
동희   어디 있을까나? 아, 강 근처에 곰이 있어요.
      마침 물고기를 잡으려던 참이었어요.
      아, 저쪽에 여우 가족이 있어요.
나나미 동희 씨, 시레토코는 야생 동물이 많이 있

어서 깜짝 놀랐어요.
나나미 동희 씨가 기뻐해 줘서 다행이에요.
      역시 올 가치가 있었어요.

제5과   p.59

• 회화 •

나나미 동희 씨, 이번 주말에 후쿠오카에 갈까요?
      중학교 시절 친구가 후쿠오카로 근무지가 전
      근되었다고 해서 한번 놀러 오면 어떠냐고
      연락이 왔어요.
나나미 겸사겸사 벳푸나 유후인에도 가려고 하는데,
      동희 씨는 어때요?
동희   그럼 좀 알아볼게요.
      맛있는 음식이 많이 있을 것 같고,
      온천도 좋아 보이니까 너무 좋아요.
      근데 일기예보에 따르면 주말에 비가 내린다
      는데요.
나나미 걱정하지 마세요.
      제가 데루테루보즈(비가 빨리 그치길 기원하
      는 인형)를 베란다에 달아 놓을 테니까
      주말에는 비가 안 내릴 거예요.

• 플러스 회화 •   p.65

나나미 이쪽은 지난번에 말한 동희 씨.
치하야 동희 씨, 처음 뵈어요.
      그럼, 바로 강력 추천인 가게로 갈까요?
치하야 이곳은 현지 사람들밖에 모르는 모쓰나베(곱
      창 전골) 가게라고 해요.
나나미 그러고보니, 모쓰나베는 원래 한국 요리라는
      데요, 동희 씨는 뭔가 아는 것이 있어요?
동희   저 요리는 별로 아는 것이 없어서 잘 모르겠
      는데요. 한국에는 내장을 사용한 요리가 많
      고 인기가 있어요.
치하야 아, 주문한 모쓰나베가 나왔어요.
      동희 씨, 먼저 드세요.
동희   와, 엄청 맛있네요.
나나미 치하야, 내 거도 퍼줘.

본문 회화 해석

제6과
p.71

• 회화 •

동희 나나미 씨, 후쿠오카까지 와서 신사예요?

나나미 동희 씨는 잘 모르는 것 같은데.
다자이후텐만구는 엄청 유명한 신사예요.

치하야 이곳은 스가와라노 미치자네라는 학문의 신이 있는 신사라서 수험생들이 합격 기원을 위해 많이들 찾아와요.

나나미 에마라는 나무판이 있는데요.
잘은 모르지만, 거기에 소원을 적으면 소원이 이루어진다고 해요.
동희씨도 에마에 소원을 적으면 어때요?

치하야 뭐라도 소원을 빌고 싶은 것이 있어요?

동희 아니요, 없어요.
연애의 신에게 소원을 빌고 싶은 것이 있지만 학문의 신에게 소원을 빌고 싶은 것은 없을 것 같아요.

나나미 동희 씨답네요.

• 플러스 회화 •
p.77

나나미 동희 씨, 야나가와 뱃놀이는 알고 있었어요?
드라마 촬영으로 한국의 여배우도 와 본 적이 있어서 한국에서도 좀 유명해졌다는데요.

동희 아니요, 저 전혀 몰랐어요...

나나미 그럼, 오늘은 뱃놀이를 체험해 보세요.

동희 그러고보니, 강 주변의 경치가 일본의 성과 같네요.

치하야 잘은 모르지만, 이곳은 옛날에 성이 있었고, 이 강은 물을 다스리고 활용하기 위해 만들어진 수로라고 해요. 지금은 수로를 이용해서 뱃놀이하는 것 같아요.

동희 치하야 씨는 역사도 잘 알고 대단하네요.

치하야 아니요, 실은 이곳에 오기 전에 야후로 알아봐 놨어요.

제7과
p.83

• 회화 •

동희 벳푸 지옥 온천 순례는 여러 장소가 있지요?
추천 장소는 있어요?

나나미 지옥 온천 순례라면 역시 피의 연못 지옥 온천입니다.
쉽게 말하자면 피처럼 빨간 온천이에요.
가장 지옥다운 온천으로 유명하거든요.

동희 어떻게 가면 되나요?

나나미 저도 잘 모르니까 알아봐 줄 수 있어요?

동희 음, 벳푸IC를 나와서 오른쪽으로 돌고, 길을 따라 가면 큰 교차로가 있어요. 그 교차로를 왼쪽으로 돌고 똑바로 가면 오른쪽에 피의 연못 지옥 온천이 보여요.

• 플러스 회화 •
p.89

동희 슬슬 저녁 시간이에요. 뭘 먹을까요?

나나미 벳푸에 왔으면 역시 도리텐(닭튀김)을 먹어야 해요. 도리텐은 쉽게 말하자면 닭고기 튀김이에요. 오이타현에서는 소울푸드로서 인기가 있다고 해요.

동희 저 닭고기를 너무 좋아해서 빨리 먹어보고 싶네요. 내비게이션으로 보니까 원조 도리텐 가게가 근처에 있어요.

나나미 피의 연못 지옥 온천에서는 어떻게 가면 돼요?

동희 아까 지난 큰 교차로를 오른쪽으로 돌고 길을 따라가면 호텔이 오른쪽에 보이는 큰 교차로가 있어요.
그 교차로를 오른쪽으로 돌고 똑바로 가면 오른쪽에 가게가 보여요.

제8과
p.95

• 회화 •

동희 유후인은 어떤 곳이에요?

나나미 유후인은 조용하고 예쁜 온천 마을로 유명하고, 특히 여성들에게 인기라고 들었어요.

숨은 장소와 같은 작은 여관이 있는 것도 특징이에요. 좀 걸어볼까요?

동희 공기도 좋고 마을 전체가 산에 둘러싸여 있고 자연이 풍부해서 좋은 곳이네요.
아, 차가워. 어라? 갑자기 비가 오는 것 같아요.

나나미 어쩔 수 없네요.
카페라도 들어가서 비가 그칠 때까지 기다릴까요?

동희 이제부터 걸으려고 했더니 비가 오네요.
모처럼 왔는데 비를 맞아서 최악입니다.

• 플러스 회화 •   p.101

동희 기념품 가게는 어디든 사람이 많네요.
안에 들어가는 것도 고생할 것 같아요.

나나미 아파. 가게에 들어가려고 했더니 발을 밟혔어요.

동희 저도 누가 제 어깨를 치고 갔어요.

나나미 계산대에도 엄청 많은 사람들이 줄 서 있어요.
동희 씨, 기념품을 사야 해요?

동희 네, 직장 친구들에게 필사적으로 부탁 받아서 사 가야 해요.

나나미 어쩔 수 없네요.
내가 줄 서 있을 테니까 얼른 골라 와요.

동희 미안해요. 그럼 말씀 달게 받겠습니다.

제9과   p.107

• 회화 •

동희 이제 곧 여름 휴가네요.
나나미 씨, 오키나와에 갈까요?

나나미 음, 어떻게 할까요?

동희 역시 여름은 무더우니까 오키나와는 싫어요?

나나미 아니요, 오키나와에서 또 장시간 운전해야한다고 생각하면 좀...

농희 오키나와에서는 저에게 운전하게 해 주세요.

나나미 응? 동희씨 운전할 수 있어요?

동희 저 한국에서는 자주 운전했었는데요.

나나미 그럼 이번에는 나를 운전석이 아니라 조수석에 태워 주는 거예요?

동희 네, 제가 책임지고 안전운전하겠습니다.

나나미 알겠어요. 동희 씨를 믿겠습니다.

• 플러스 회화 •   p.113

나나미 이곳은 오키나와 바다를 주제로 한 수족관이에요. 바로 안으로 들어가 보죠.

나나미 이쪽은 얕은 바다에서 자주 볼 수 있는 생물을 전시하고 있어요. 불가사리는 만져볼 수 있는 것 같아요. 동희 씨, 기왕 (여기까지) 왔으니까 만져 보면 어때요?

동희 아니요, 좀 징그러워서 사양할게요.

나나미 이쪽은 멋진 카페예요.
큰 수조 안에서 고래 상어가 헤엄치는 모습을 보면서 가벼운 식사를 즐길 수 있어요.

동희 물고기를 보면서 생선 요리를 먹어야 하는 것은 아니죠?

나나미 아니에요. 고기가 메인인 오키나와 요리입니다.

제10과   p.119

• 회화 •

점원 어서오세요. 손님은 어디서 오셨어요?

나나미 저는 고베인데요, 그녀는 한국에서 왔어요.

점원 한국 분들에게는 이것이 가장 인기가 있고, 많이 사가세요. 한 번 시식해 보실래요?

동희 이것은 뭐예요?

점원 이건 친스코라는 오키나와 전통 과자이고, 류큐 왕국 시대 때부터 있거든요.
입에 맞으시면 좋을 텐데요.

동희 맛있네요. 혹시 오래 보존할 수 있어요?

점원 네, 유통기한이 지나기까지 2개월 이상 남았어요.

동희 그럼, 이것 주세요.

본문 회화 해석

· 플러스 회화 ·   p.125

점원	어서오세요. 뭐 찾으세요.
동희	저기, 혹시 이 사진의 화장품은 있어요?
점원	네, 한 번 발라 보실래요?
동희	괜찮습니다.
점원	한국까지 가세요?
동희	아니요, 지금 일본에 살고 있어서 오사카로 돌아갑니다.
점원	현금으로 지불하세요?
동희	카드로 부탁드립니다.
점원	감사합니다.

제11과   p.131

· 회화 ·

스태프	여보세요. 김동희 씨 전화 맞으세요?
동희	네, 맞는데요.
스태프	본인 소개가 늦었습니다. 후지 여관입니다. 오늘 몇 시쯤 도착하세요?
동희	3시 예정이었는데요, 정체로 조금 늦을 것 같아요. 4시에는 도착할 수 있을 것 같습니다.
스태프	알겠습니다. 그리고 오늘 저녁 식사 시간 말입니다만, 오늘 많은 손님이 와 계셔서 조금 늦은 시간에 드셔 주실 수 있는지요?
동희	네, 상관없습니다.
스태프	감사합니다. 조심히 오십시오.

· 플러스 회화 ·   p.137

스태프	잘 오셨습니다. 본 여관에 대해 설명해 드리겠습니다. 온천은 1층에 있고 남성은 파란색, 여성은 빨간색 포렴(천)입니다. 노천온천에서는 바다를 보실 수 있습니다. 저녁 식사는 조금 전에 전화로 말씀드렸습니다만, 3층 연회장에 7시 반에 오시면 됩니다. 아침 식사는 2층 식당에서 아침 6시 반부터 드실 수 있습니다. 그 외에 질문이 있으시면 뭐든지 말씀해 주십시오.

나나미	괜찮습니다. 동희 씨는요?
동희	저도 괜찮아요.
스태프	그럼 푹 쉬십시오.

제12과   p.143

· 회화 ·

동희	바쁘신 가운데 기다려 주셔서 감사합니다. 몇 분이세요?
손님	4명이에요.
동희	여권이랑 전자 항공권을 보여주세요. 한국까지 가시는 것이 맞으세요?
손님	네. 저기, 창가 쪽 좌석이 있어요?
동희	조회해 볼 테니 잠시만 기다려 주세요. 좌석이 떨어져 있지만 2명씩이라면 확보할 수 있습니다.
손님	어쩔 수 없네요. 그렇게 부탁드립니다.
동희	이것이 항공권입니다. 출발 시간 5분 전까지 탑승구로 와 주세요.

· 플러스 회화 ·   p.149

동희	한국에서 도착하신 요시자와님 계십니까?
요시자와	네, 저인데요.
동희	바쁘신 가운데 대단히 죄송합니다만 맡기신 짐을 다른 손님이 가져 가셔서…
요시자와	네? 정말 그래요?
동희	네… 지금 연락을 취하고 있으니 이쪽에서 잠시만 기다려 주세요.
요시자와	알겠습니다.
동희	방금 전에 연락이 됐는데요, 공항을 이미 출발하신 것 같아서 조금만 더 기다려 주셔야 할 것 같습니다. 짐이 도착하면 호출해 드리겠습니다.

제1과
p.16

1. ① お茶でも一杯どうですか。
② 韓国は交通費が安すぎるって聞きました。
③ 明日確認しておきます。

2. ① 車がない道を歩行者天国って言います。
② ホテルに電話して、夕食の時間を変えてあります。
③ 次の新幹線を予約しておきます。

3. 질문▶ あのう、予約人数を2人に変えられますか。
① 大丈夫です。変えています。
② 了解です。変えておきます。
③ はい、変えてあります。

제2과
p.28

1. ① エレベーターの中で電話しない方がいいです。
② ソウルは東京ほど大きくないですか。
③ 無理して飲まなくてもいいです。

2. ① 日本人は韓国人ほど固いものをよく食べません。
② 食事する時は話さない方がいいです。
③ 量が少ないので袋に入れなくてもいいです。

3. 질문▶ あのう、窓側の席がいいですか。
① 通路側に座らなくてもいいです。
② 窓側に座らない方がいいですか。
③ 通路側に座ってもいいです。

제3과
p.40

1. ① お酒が飲めないですか。
② 韓国語が通じないので、英語で話さないといけません。
③ 滑りやすいので通らないでください。

2. ① お皿や置物が並んでいます。
② 出発の10分前には駅に到着しないといけません。
③ 寝ているので、うるさくしないでください。

3. 질문▶ あのう、一杯どうですか。
① 頭が痛いので、飲まないでください。
② すみません。お酒が食べれないです。
③ 大丈夫です。明日朝早く起きないといけません。

제4과
p.52

1. ① 明日は何しようかな。
② ちょうど今空港を出ようとしていました。
③ Wi-Fiのパスワードを確認しに行ってきます。

2. ① バスに乗って景色を見ようと思います。

② 部屋に歯ブラシがなかったので、もらいに来ました。

③ 冬に北海道は旅行行かないことにしようと思います。

3. 질문 ▶ あのう、来週の旅行はどうしますか。

① 予約しに行きました。

② ちょうど今行こうとしていました。

③ 雨が降ったら、行かないことにしようと思います。

제5과   p.64

1. ① 韓国料理はおいしいし体にもいいです。

② 만땅(満タン)は日本語が由来だそうです。

③ 明日は一日中晴れそうです。

2. ① 京都は神社・お寺の数が日本一で有名だそうです。

② 九州は近いので、日帰り旅行によさそうです。

③ 飛行機は大雪で欠航になるそうです。

3. 질문 ▶ あのう、いつ電車は動きますか。

① もうちょっとで運転再開するそうです。

② 今から運転を見合わせそうです。

③ 動いていそうです。

제6과   p.76

1. ① 私の彼は韓国人なんです。

② 今日は涼しくて秋のようです。

③ 就職のために英語を一生懸命勉強しています。

2. ① 天気予報を見ましたけど、明日は台風が来るらしいです。

② 日本は神社やお寺に行くことが多いみたいです。

③ 限定商品を買うために並びます。

3. 질문 ▶ あのう、道が渋滞してますけど、何かあったんですか。

① 事故みたいです。

② 事故なんです。

③ 事故のために渋滞しています。

제7과   p.88

1. ① お酒を飲むと、頭が痛くなります。

② 日本でソウルは安くて近い旅行先として人気がありますか。

③ 一緒に購入するなら、サービスします。

2. ① 最寄り駅は交差点を右に曲がると、目の前にあります。

② 65歳以上なら、割引料金がありますか。

③ 大雪が降らなければ、予約はキャンセルになりません。

3. 질문 ▶ あのう、おしゃれなカフェはどこに
ありますか。
① 道なりにまっすぐ行くと、１つあります。
② カフェなら、駅前のカフェが広くて
大きいです。
③ 雨が降れば、人がたくさんいます。

제8과   p.100

1. ① 赤ちゃんに泣かれてゆっくり寝れな
かったです。
② 旅行に行った時、知らない人に悪口
を言われました。
③ チェックインしようとしたら、パスポ
ートがありませんでした。

2. ① 観光している時、財布を盗まれまし
た。
② 空港に行こうとしたら、大雪で電車
が運転を見合わせていました。
③ 雨に降られてスーツケースが濡れてし
まいました。

3. 질문 ▶ あのう、どうしましたか。
① 後から来た人に割り込みされまし
た。
② 割り込みしようしたら、できませんで
した。
③ 後から来て割り込みしました。

제9과   p.112

1. ① 台風で飛行機を次の便に変えさせら
れました。
② せっかく沖縄に来たので、海で泳ぎ
ましょう。
③ 今日は私に料理させてください。

2. ① 沖縄料理を一日中食べさせられました。
② 空港を思ったより遅く出たので、チェ
ックインの時間を遅らせました。
③ とりあえずみんなで一緒にビールを頼
みましょうか。

3. 질문 ▶ あのう、免税店で何か買いましたか。
① 買いたいものがなかったのに、買わ
せられました。
② 買いたいものがたくさんあって、買わ
せました。
③ 買いたいものがなかったのに、いろい
ろ買われました。

제10과   p.124

1. ① タクシーに乗られますか。
② 韓国に入国する時、合計６万円ま
で免税です。
③ プールを利用されますか。

2. ① ここで食べられますか。それとも持ち
帰られますか。

② チェックイン時間の変更はお昼までに連絡してください。

③ もしかして韓国から来られましたか。

3. 질문 ▶ あのう、すみませんが、予約のキャンセルはできますか。

① はい、いつにされますか。

② はい、前日まで可能です。

③ はい、いつに変えられますか。

제11과   p.136

1. ① 何時頃お越しになりますか。

② 24時間スタッフがフロントにおります。

③ チケットを拝見してもいいですか。

2. ① 初めてお目にかかります。キムと申します。

② 空港までの行き方をご存知ですか。

③ ご購入された方に無料で差し上げております。

3. 질문 ▶ あのう、どちらにいらっしゃいますか。

① すみません、空港までお願いします。

② ホテルにおるつもりです。

③ 韓国から来ました。

제12과   p.148

1. ① すみません、お水とお茶を1つずつください。

② ご朝食は朝6時半から召し上がれます。

③ ご搭乗の手続きはお済みですか。

2. ① 領収書はチェックアウトの際にお渡し致します。

② 大浴場はご利用になりますか。

③ 部屋の中では禁煙にご協力ください。

3. 질문 ▶ あのう、カードで支払いできますか。

① 申し訳ございません。現金でお支払い致します。

② 申し訳ございません。カードでお支払いになります。

③ 申し訳ございません。現金でお支払いください。

🎵 트랙 목차

동양북스 채널에서 더 많은 도서
더 많은 이야기를 만나보세요!

▶ 유튜브

인스타그램

블로그

포스트

페이스북

카카오뷰

외국어 출판 45년의 신뢰
외국어 전문 출판 그룹
동양북스가 만드는 책은 다릅니다.

45년의 쉼 없는 노력과 도전으로 책 만들기에 최선을 다해온
동양북스는 오늘도 미래의 가치에 투자하고 있습니다.
대한민국의 내일을 생각하는 도전 정신과 믿음으로 최선을 다하겠습니다.

동양북스

1. A: あのう、あそこに 何^{なん}と 書^かいてありますか。

B: <u>セール</u> って書^かいてあります。

① 歩行者天国^{ほこうしゃてんごく}

A: _____

B: _____

② 歩^{ある}きタバコ禁止^{きんし}

A: _____

B: _____

③ 免税^{めんぜい}

A: _____

B: _____

2. A: 休^{やす}みに 旅行^{りょこう} でもどうですか。

B: いいですね。じゃあ、荷物^{にもつ}を用意^{ようい}しておきます。

① ショッピング、時間^{じかん}を空^あける

A: _____

B: _____

② パーティー、友^{とも}だちを集^{あつ}める

A: _____

B: _____

③ 会食^{かいしょく}、予約^{よやく}する

A: _____

B: _____

3. A: あのう、窓を閉めてもいいですか。

B: すみません。換気をする ので、窓を開けてあります。

① エアコンをつける、節電する、エアコンを消す

A: _____

B: _____

② ドアを開ける、うるさい、ドアを閉める

A: _____

B: _____

③ 車を止める、工事する、空ける

A: _____

B: _____

1. A: 日本人はどんな民族ですか。

B: 韓国人ほど 辛い物を食べない と思います。

① 融通が利く

A: _____

B: _____

② お酒を飲む

A: _____

B: _____

③ 感情を表に出す

A: _____

B: _____

2. A: タバコを吸って もいいですか。

B: ここで タバコを吸わない 方がいいです。

① 両替する

A: _____

B: _____

② 宝くじを買う

A: _____

B: _____

③ 夜遅くまで遊ぶ

A: _____

B: _____

3. A: 全部食べた 方がいいですか。

B: 量が多い ので、全部食べなく てもいいです。

① 予約する、平日

A: _____

B: _____

② お土産を買う、帰りの飛行機で買う

A: _____

B: _____

③ 早く寝る、午後に出発する

A: _____

B: _____

제**3**과 弁償^{べんしょう}しないといけないです。

1. A: あのう、<u>生^{なま}ものが食^たべれますか</u>。

B: <u>生^{なま}ものが食^たべれないです</u>。

① 歩^{ある}いて行^いく

A: _____

B: _____

② 日本語^{に ほん ご}を話^{はな}す

A: _____

B: _____

③ 1人^りで日本^{に ほん}に来^くる

A: _____

B: _____

2. A: あのう、<u>ルームキー</u> はどうしますか。

B: <u>フロントに預^{あず}けないといけません</u>。

① 荷物^{に もつ}、コインロッカーを使^{つか}う

A: _____

B: _____

② 貴重品^{き ちょうひん}、金庫^{きん こ}に入^いれる

A: _____

B: _____

③ 食事^{しょく じ}、軽^{かる}く済^すます

A: _____

B: _____

3. A: あのう、<ruby>触<rt>さわ</rt></ruby>ってもいいですか。

B: <ruby>割<rt>わ</rt></ruby>れやすい ので、<ruby>触<rt>さわ</rt></ruby>らないでください。

① お<ruby>土産<rt>みやげ</rt></ruby>に<ruby>買<rt>か</rt></ruby>う、<ruby>傷<rt>いた</rt></ruby>みやすい

A: _____

B: _____

② タクシーに<ruby>乗<rt>の</rt></ruby>る、<ruby>料金<rt>りょうきん</rt></ruby>が<ruby>高<rt>たか</rt></ruby>い

A: _____

B: _____

③ <ruby>外<rt>そと</rt></ruby>に<ruby>出<rt>で</rt></ruby>る、<ruby>滑<rt>すべ</rt></ruby>りやすい

A: _____

B: _____

1. A: あのう、今度の週末は何をしますか。

B: 知床に動物を見に 行きます。

① 日本の友だちに会う

A: _____

B: _____

② 会社の仲間と飲む

A: _____

B: _____

③ 食べ歩きする

A: _____

B: _____

2. A: あのう、部屋を出ましたか。

B: ちょうど今 部屋を出ようとしていました。

① チェックインする

A: _____

B: _____

② ホテルに戻る

A: _____

B: _____

③ 料理を頼む

A: _____

B: _____

3. A: あのう、今日は何をするつもりですか。

B: 知床でいろんな動物を見ようと思います。

① 明日、カフェでお茶する

A: _____

B: _____

② 夏休み、アルバイトしてお金を稼ぐ

A: _____

B: _____

③ 連休、家でゆっくり休む

A: _____

B: _____

1. A: あのう、明日の天気はどうですか。

B: <u>午後から雨が降るそうです。</u>

① 一日中晴れる

A: _____

B: _____

② 台風が接近する

A: _____

B: _____

③ 夜は冷え込む

A: _____

B: _____

2. A: あのう、<u>福岡</u>はどうですか。

B: <u>いろんなおいしい食べ物がありそうです。</u>

① 東京、物価が高い

A: _____

B: _____

② 京都、観光客がたくさんいる

A: _____

B: _____

③ 神戸、港の景色がいい

A: _____

B: _____

3. A: あのう、部屋はどうですか。

B: きれいだし とても 静かです。

① 料理、種類が豊富だ、おいしい

A: _____

B: _____

② 新幹線、早い、便利だ

A: _____

B: _____

③ 旅館、親切だ、快適だ

A: _____

B: _____

제6과　願いが 叶うらしいです。

1. A: あのう、日本はどんな国ですか。

B: キリスト教を信じる人が少ないみたいです。(らしいです)

① インターネットが遅い

A: _____

B: _____

② 交通費が高い

A: _____

B: _____

③ 自転車が多い

A: _____

B: _____

2. A: あのう、今日は何をしますか。

B: お守りを買う ために 太宰府天満宮に行きます。

① たこ焼きを食べる、道頓堀に行く

A: _____

B: _____

② ファッションを見る、原宿に行く

A: _____

B: _____

③ 鹿に会う、奈良公園に行く

A: _____

B: _____

11

3. A: あのう、実は私 韓国人なんです。

B: 本当ですか。顔立ちが日本人のようです。(みたいです)

① 外国人、日本人が話す日本語

A: _____

B: _____

② 会社員、学生

A: _____

B: _____

③ 結婚している(既婚)、独身

A: _____

B: _____

제**7**과　道^{みち}なりに 行^いくと、交^{こう}差^さ点^{てん}があります。

1. A: あのう、福岡^{ふくおか} はどこがオススメですか。

B: 福岡^{ふくおか} なら、太宰府天満宮^{だざいふてんまんぐう} がオススメです。

①　東京^{とうきょう}、浅草^{あさくさ}

A: _____

B: _____

②　大阪^{おおさか}、道頓堀^{どうとんぼり}

A: _____

B: _____

③　京都^{きょうと}、清水寺^{きよみずでら}

A: _____

B: _____

2. A: あのう、雨^{あめ}が降^ふったら どうなりますか。

B: 雨^{あめ}が降^ふれば ツアーはキャンセルになります。

①　天気^{てんき}が悪^{わる}くなる

A: _____

B: _____

②　人^{ひと}が集^{あつ}まらない

A: _____

B: _____

③　台風^{たいふう}が来^くる

A: _____

B: _____

3. A: あのう、血の池地獄はどこですか。

B: ここから 交差点をまっすぐ行く と、右 に見えます。

① 駅、踏切を越える、左

A: ＿＿＿＿＿＿＿＿＿＿＿＿＿＿＿＿＿＿＿＿＿＿＿＿＿＿＿

B: ＿＿＿＿＿＿＿＿＿＿＿＿＿＿＿＿＿＿＿＿＿＿＿＿＿＿＿

② バス停、横断歩道を渡る、右

A: ＿＿＿＿＿＿＿＿＿＿＿＿＿＿＿＿＿＿＿＿＿＿＿＿＿＿＿

B: ＿＿＿＿＿＿＿＿＿＿＿＿＿＿＿＿＿＿＿＿＿＿＿＿＿＿＿

③ ホテル、地下道を通って反対側に行く、目の前

A: ＿＿＿＿＿＿＿＿＿＿＿＿＿＿＿＿＿＿＿＿＿＿＿＿＿＿＿

B: ＿＿＿＿＿＿＿＿＿＿＿＿＿＿＿＿＿＿＿＿＿＿＿＿＿＿＿

제 **8** 과　雨に降られて最悪です。

1.　A: あのう、大丈夫ですか。

　　　B: 電車の中で 殴られました。

　　① 悪口を言う

　　　　A: _____

　　　　B: _____

　　② 知らない人がじろじろ見る

　　　　A: _____

　　　　B: _____

　　③ 肩をぶつける

　　　　A: _____

　　　　B: _____

2.　A: あのう、何かありましたか。

　　　B: 部屋に戻ろう としたら、ルームキー がありませんでした。

　　① レジでお金を払う、財布

　　　　A: _____

　　　　B: _____

　　② 携帯を充電する、充電器

　　　　A: _____

　　　　B: _____

　　③ 改札を通る、切符

　　　　A: _____

　　　　B: _____

15

3. A: あのう、どうしましたか。

B: <u>地下鉄に乗ろう</u> としたら、<u>足を踏まれました</u>。

① バスを降りる、後ろから押す

A: _____

B: _____

② お会計する、割り込みする

A: _____

B: _____

③ 飛行機の中で寝る、赤ちゃんが泣く

A: _____

B: _____

제9과 私に運転させてください。

わたし　うんてん

1. A: あのう、お金が余った ので 豪華な食事でもしましょうか。

かね　あま　　　　　　ごうか　しょくじ

B: そうですね。大賛成です。

だいさんせい

①　たくさん歩く、少し休む

ある　　すこ　やす

A: _____

B: _____

②　のどが渇く、コーヒーでも飲む

かわ　　　　　　　　　　　の

A: _____

B: _____

③　沖縄に来る、沖縄名物のソーキそばでも食べる

おきなわ　く　　おきなわめいぶつ　　　　　　　　た

A: _____

B: _____

2. A: あのう、すみませんが 運転してくれませんか。

うんてん

B: もちろんです。私に 運転させてください。

わたし　うんてん

①　買い物に行く

か　もの　い

A: _____

B: _____

②　荷物を持つ

にもつ　も

A: _____

B: _____

③　ごちそうする

A: _____

B: _____

3. A: 商売が上手で、お土産をたくさん買わさせられました。

B: 実は、私もたくさん買わされました。

① 料理、頼む

A: _____

B: _____

② 免税品、購入する

A: _____

B: _____

③ 泡盛、飲む

A: _____

B: _____

제10과 一度試食されますか。

1. A: あのう、タバコを吸われますか。

B: はい、吸います。／いいえ、吸いません。

① お酒を飲む

A: ＿＿＿＿＿＿＿＿＿＿＿＿＿＿＿＿＿＿＿＿＿＿

B: ＿＿＿＿＿＿＿＿＿＿＿＿＿＿＿＿＿＿＿＿＿＿

② 車を運転する

A: ＿＿＿＿＿＿＿＿＿＿＿＿＿＿＿＿＿＿＿＿＿＿

B: ＿＿＿＿＿＿＿＿＿＿＿＿＿＿＿＿＿＿＿＿＿＿

③ 荷物を預ける

A: ＿＿＿＿＿＿＿＿＿＿＿＿＿＿＿＿＿＿＿＿＿＿

B: ＿＿＿＿＿＿＿＿＿＿＿＿＿＿＿＿＿＿＿＿＿＿

2. A: あのう、何時に 空港に行かれますか。

B: 出発2時間前 に 行くつもりです。

① 朝食を食べる、8時

A: ＿＿＿＿＿＿＿＿＿＿＿＿＿＿＿＿＿＿＿＿＿＿

B: ＿＿＿＿＿＿＿＿＿＿＿＿＿＿＿＿＿＿＿＿＿＿

② ホテルに戻る、夕方

A: ＿＿＿＿＿＿＿＿＿＿＿＿＿＿＿＿＿＿＿＿＿＿

B: ＿＿＿＿＿＿＿＿＿＿＿＿＿＿＿＿＿＿＿＿＿＿

③ お風呂に入る、6時

A: ＿＿＿＿＿＿＿＿＿＿＿＿＿＿＿＿＿＿＿＿＿＿

B: ＿＿＿＿＿＿＿＿＿＿＿＿＿＿＿＿＿＿＿＿＿＿

3. A: あのう、<u>自由行動</u>はできますか。

B: <u>可能</u>ですが、<u>12時</u>までに<u>集まって</u>ください。

① 予約の変更、前日、知らせる

A: _____

B: _____

② 追加のオーダー、閉店1時間前、注文する

A: _____

B: _____

③ 送迎、9時、ロビーに来る

A: _____

B: _____

제11과 本日は何時頃いらっしゃいますか。

ほんじつ　なんじごろ

1. A: あのう、いただいでもいいですか。(←もらう)

B: はい、構いません。
かま

① 見る
み

A: _____

B: _____

② 訪ねる
たず

A: _____

B: _____

③ 言う
い

A: _____

B: _____

2. A: あのう、新聞 を ご覧になりますか。(←見る)
しんぶん　　らん　　　　　　　み

B: いいえ、大丈夫です。
だいじょうぶ

① ワイン、飲む
の

A: _____

B: _____

② 浴衣、着る
ゆかた　き

A: _____

B: _____

③ おもちゃ、お子さんにあげる
こ

A: _____

B: _____

3. A: あのう、何時頃 いらっしゃいますか。(←来る)

B: 3時頃 伺います。(←行く)

① 寝る、9時

A: _____

B: _____

② ホテルにいる、4時

A: _____

B: _____

③ 食べる、7時

A: _____

B: _____

제12과 Eチケットをお見せください。

1. A: あのう、お飲み物(←飲み物) はよろしいですか。

B: はい、大丈夫です。

① 時間

A: _____

B: _____

② 注文

A: _____

B: _____

③ 部屋

A: _____

B: _____

2. A: あのう、チェックイン お願いします。

B: パスポートをお見せください。(←パスポートを見せる)

① お会計、現金で支払う

A: _____

B: _____

② チェックアウト、カードキーを返す

A: _____

B: _____

③ カード払い、こちらに署名する

A: _____

B: _____

3. A: あのう、タオルがないんですが。

B: 申し訳ございません。すぐ お持ち致します。(←持つ)

① リモコンの電池がない、用意する

A: _____

B: _____

② シーツが汚れている、取り替える

A: _____

B: _____

③ 料理に髪の毛が入っている、作り直す

A: _____

B: _____